Lettre au Père

Franz Kafka

Titre original : Brief an den Vater

Date de première publication : 1952

Titre de la traduction : Lettre au Père

Auteur original : Franz Kafka

Traducteur : Anonyme

Éditeur : TAZIRI

ISBN : 9789982471305

Cher Père,

Tu m'as récemment demandé pourquoi je prétends avoir peur de toi. Comme d'habitude, je ne savais pas quoi répondre, en partie à cause de la peur que j'éprouve pour toi, en partie parce que pour justifier cette peur, il y a trop de détails à considérer pour que je puisse les articuler correctement à l'oral. Et si j'essaie ici de te répondre par écrit, ce sera tout de même très incomplet, car même en écrivant, la peur et ses conséquences m'entravent vis-à-vis de toi et parce que la grandeur du sujet dépasse de loin ma mémoire et mon entendement.

Tu as toujours vu la situation de manière très simple, du moins quand tu en parlais devant moi et, sans distinction, devant beaucoup d'autres. Pour toi, c'était à peu près ceci : tu as travaillé dur toute ta vie, tout sacrifié pour tes enfants, surtout pour moi, et j'ai donc vécu « dans l'opulence », jouissant d'une liberté complète pour apprendre ce que je voulais, sans jamais avoir à m'inquiéter pour la nourriture, donc sans soucis en général. Tu n'as pas demandé de gratitude, car tu connais « la gratitude des enfants », mais au moins une sorte de compréhension, un signe de compassion. Au lieu de cela, je me suis toujours caché de toi, dans ma chambre, avec des livres, des amis excentriques, des idées farfelues; je n'ai jamais parlé ouvertement avec toi, je ne suis pas venu à toi dans le temple qui est le devoir d'un enfant, j'ai voulu écrire de telles explications à Milena, mais je ne parviens pas à relire cette lettre, l'essentiel reste compréhensible, je ne t'ai pas rendu visite à Franzensbad, je n'ai jamais eu le sens de la famille, je ne me suis pas occupé de l'entreprise ni de tes autres affaires, je t'ai laissé la charge de l'usine et puis je t'ai quitté, j'ai soutenu Ottla dans son entêtement et alors que je ne lève pas un doigt pour toi (je ne t'apporte même pas un billet de théâtre), je fais tout pour des étrangers. Si tu résumes ton jugement sur moi, il en ressort que tu ne m'accuses certes pas de quelque chose de franchement indécent ou méchant (sauf peut-être ma dernière intention de mariage), mais de froideur, d'étrangeté, d'ingratitude. Et tu me le reproches comme si c'était ma faute, comme si j'aurais pu arranger les choses autrement avec un simple tour de main, alors que tu n'as absolument aucune part de responsabilité, sauf peut-être celle d'avoir été trop bon envers moi.

Cette représentation habituelle que tu en fais, je la considère juste dans la mesure où je crois aussi que tu es totalement sans faute dans notre éloignement. Mais tout autant, je suis moi-même totalement sans faute. Si je pouvais te convaincre de cela, alors - non pas qu'une nouvelle vie serait possible, nous sommes tous les deux bien trop âgés pour cela, mais il pourrait y avoir une sorte de paix, pas une cessation, mais au moins une atténuation de tes reproches incessants.

Curieusement, tu sembles avoir une idée de ce que je veux dire. Par exemple, tu m'as récemment dit : « Je t'ai toujours aimé, même si extérieurement je n'ai pas été envers toi comme les autres pères le sont habituellement, précisément parce que je ne peux pas me comporter de manière artificielle, contrairement aux autres. » Maintenant, père, je n'ai jamais vraiment douté de ta bonté envers moi, mais je trouve cette remarque incorrecte. Tu ne peux pas te déguiser, c'est vrai, mais prétendre pour cette raison que les autres pères se déguisent est soit une simple obstination indiscutable, soit - et c'est ce que je pense vraiment - l'expression voilée du fait que quelque chose ne va pas entre nous, et que tu y as contribué, mais sans faute. Si tu penses vraiment cela, alors nous sommes d'accord.

Je ne dis bien sûr pas que je suis devenu ce que je suis uniquement à cause de ton influence. Ce serait très exagéré (et j'ai même tendance à cette exagération). Il est tout à fait possible que, même si j'avais grandi complètement libre de ton influence, je n'aurais pas pu devenir un homme selon ton cœur. Je serais probablement quand même devenu un homme faible, craintif, hésitant, inquiet—ni Robert Kafka, ni Karl Hermann—mais pourtant tout à fait différent de ce que je suis réellement, et nous aurions pu nous entendre à merveille. J'aurais été heureux de t'avoir comme ami, comme patron, comme oncle, comme grand-père, oui même (bien que plus hésitant) comme beau-père. Mais en tant que père, tu étais trop fort pour moi, surtout que mes frères sont morts en bas âge, que mes sœurs ne sont venues que bien plus tard; j'ai donc dû supporter le premier choc tout seul, et j'étais bien trop faible pour cela.

Compare-nous deux : moi, pour le dire très brièvement, un Löwy avec un certain fond kafkaïen, qui n'est cependant pas mis en mouvement par la volonté de vivre, d'entreprendre, de conquérir propre aux Kafka, mais par un aiguillon des Löwy, plus secret, plus timide, agissant dans une autre direction et qui souvent s'éteint complètement. Toi, en revanche, un véritable Kafka en force, santé, appétit, puissance vocale, talent oratoire, satisfaction de soi, supériorité sur le monde, endurance, présence d'esprit, connaissance des hommes, une certaine générosité—naturellement aussi avec tous les défauts et faiblesses qui accompagnent ces qualités, dans lesquels ton tempérament et parfois ton emportement te précipitent. Tu n'es peut-être pas entièrement Kafka dans ta vision générale du monde, autant que je peux te comparer avec oncles Philipp, Ludwig, Heinrich. C'est étrange, je n'y vois pas très clair ici. Ils étaient tous plus joyeux, plus frais, plus décontractés, plus insouciants, moins stricts que toi. (À cet égard, j'ai d'ailleurs hérité beaucoup de toi et ai trop bien géré cet héritage, sans toutefois avoir les contrepoids nécessaires dans mon être, comme tu les as.)

D'un autre côté, tu as traversé différentes périodes à cet égard; tu étais peut-être plus joyeux avant que tes enfants, surtout moi, te déçoivent et t'accablent à la maison (quand des étrangers venaient, tu étais différent), et tu es peut-être redevenu plus joyeux maintenant que les petits-enfants et le gendre te donnent à nouveau un peu de cette chaleur que tes enfants, sauf peut-être Valli, n'ont pas pu te donner. Quoi qu'il en soit, nous étions si différents et, dans cette différence, si dangereux l'un pour l'autre que, si l'on avait voulu calculer à l'avance comment moi, l'enfant se développant lentement, et toi, l'homme accompli, allions nous comporter l'un envers l'autre, on aurait pu supposer que tu m'écraserais simplement, qu'il ne resterait rien de moi. Cela ne s'est pas produit—le vivant ne peut être calculé—mais peut-être est-il arrivé pire.

Je te prie cependant constamment de ne pas oublier que je ne crois jamais, même de loin, à une quelconque faute de ta part. Tu as agi sur moi comme tu devais agir; seulement, tu devrais cesser de considérer comme une méchanceté particulière de ma part le fait que j'aie succombé à cet effet. J'étais un enfant peureux, mais j'étais certainement aussi entêté, comme le sont les enfants; il est vrai que mère me gâtait aussi, mais je ne peux pas croire que j'étais particulièrement difficile à diriger. Je ne peux pas croire qu'un mot aimable, une prise tranquille par la main, un bon regard n'auraient pas pu obtenir de moi tout ce qu'on voulait. Or, tu es au fond un homme bon et doux (ce qui suit ne le contredira pas; je parle seulement de l'apparence sous laquelle tu agissais sur l'enfant), mais tous les enfants n'ont pas la persévérance et l'intrépidité de chercher aussi longtemps jusqu'à trouver cette bonté. Tu ne peux traiter un enfant que de la manière dont tu es toi-même fait, avec force, bruit et emportement, et dans ce cas, cela te semblait d'autant plus approprié que tu voulais élever en moi un garçon fort et courageux.

Je ne peux naturellement pas décrire directement aujourd'hui tes méthodes d'éducation durant mes toutes premières années, mais je peux me les représenter approximativement par déduction à partir des années ultérieures et de ton traitement envers Félix. Ce qui aggrave les choses, c'est qu'à cette époque tu étais plus jeune, donc plus frais, plus sauvage, plus spontané, encore plus insouciant qu'aujourd'hui, et qu'en plus tu étais entièrement absorbé par les affaires, ne pouvais presque jamais te montrer à moi durant la journée, et que tu faisais donc sur moi une impression d'autant plus profonde, qui ne s'émoussait presque jamais par l'habitude.

Je me souviens directement d'un seul incident de mes premières années, tu t'en souviens peut-être aussi. Une nuit, je gémissais sans cesse pour avoir de l'eau, certainement pas par soif, mais probablement en partie pour t'ennuyer, en partie pour me divertir. Après que quelques fortes menaces n'eurent pas aidé, tu m'as sorti du lit, porté sur la galerie et laissé là, seul devant la porte fermée, pendant un moment, en chemise de nuit. Je ne veux pas dire que c'était injustifié, peut-être qu'à l'époque le repos nocturne ne pouvait vraiment pas être obtenu autrement, mais je veux ainsi caractériser tes méthodes d'éducation et leur effet sur moi. Par la suite, j'étais certes obéissant, mais j'en ai subi un dommage intérieur. Le fait pour moi naturel de demander de l'eau sans raison et l'extrême horreur d'être emporté dehors, je n'ai jamais pu, de par ma nature, les relier correctement. Encore des années plus tard, je souffrais de l'idée torturante que le géant d'homme, mon père, l'ultime instance, pouvait venir presque sans raison me sortir du lit en pleine nuit pour me porter sur la galerie, et que j'étais donc un tel néant pour lui.

C'était alors seulement un petit début, mais ce sentiment de nullité qui souvent me domine (un sentiment par ailleurs noble et fécond sous d'autres aspects) provient en grande partie de ton influence. J'aurais eu besoin d'un peu d'encouragement, d'un peu de gentillesse, d'un peu d'ouverture dans mon chemin ; au lieu de cela, tu me l'as obstrué, certes avec la bonne intention que je prenne une autre voie. Mais je n'étais pas fait pour cela. Tu m'encourageais par exemple lorsque je saluais et marchais bien, mais je n'étais pas un futur soldat ; ou tu m'encourageais quand je pouvais manger vigoureusement et même boire de la bière avec, ou quand je pouvais fredonner des chansons incomprises ou répéter tes expressions favorites, mais rien de tout cela n'appartenait à mon avenir. Et il est caractéristique que même aujourd'hui tu ne m'encourages en quelque chose que lorsque tu es toi-même affecté, quand il s'agit de ton estime de toi que je blesse (par exemple par mon intention de mariage) ou qui est blessée en moi (lorsque, par exemple, Pepa m'insulte). Alors je suis encouragé, rappelé à ma valeur, on me signale les partis que je serais en droit de faire, et Pepa est totalement condamnée. Mais mis à part le fait qu'à mon âge je suis presque imperméable aux encouragements, en quoi cela m'aiderait-il si cela n'intervient que lorsque je ne suis pas au premier plan ?

À cette époque et partout ailleurs, j'aurais eu besoin d'encouragement. J'étais déjà accablé par ta simple physicalité. Je me souviens, par exemple, de la façon dont nous nous déshabillions souvent ensemble dans une cabine. Moi, maigre, faible, mince ; toi, fort, grand, large. Dès la cabine, je me sentais misérable, et non seulement devant toi, mais devant le monde entier, car tu étais pour moi la mesure de toutes choses. Mais lorsque nous sortions de la cabine devant les gens, moi tenant ta main, un petit squelette, incertain, pieds nus sur les planches, effrayé par l'eau, incapable d'imiter tes mouvements de natation que tu me montrais sans cesse avec de bonnes intentions mais en réalité pour ma profonde humiliation, alors j'étais très désespéré, et toutes mes mauvaises expériences dans tous les domaines coïncidaient magnifiquement en de tels moments. Je me sentais le mieux quand tu te déshabillais parfois le premier et que je pouvais rester seul dans la cabine, retardant ainsi la honte de l'apparition publique aussi longtemps que possible, jusqu'à ce que tu viennes finalement vérifier et me chasser de la cabine. Je t'étais reconnaissant de ne pas sembler remarquer ma détresse, et j'étais également fier du corps de mon père. D'ailleurs, cette différence entre nous existe encore de manière similaire aujourd'hui.

Cela correspondait à ta suprématie intellectuelle. Tu t'étais hissé si haut par ta propre force, ce qui t'avait valu une confiance illimitée en tes opinions. Pour moi, enfant, cela n'était pas même aussi éblouissant que cela le fut plus tard pour le jeune homme en croissance. Dans ton fauteuil, tu gouvernais le monde. Ton opinion était juste, toute autre était folle, excessive, insensée, anormale. Ton propre confiance était si grande que tu n'avais pas besoin d'être cohérent et tu continuais malgré tout à avoir raison. Il pouvait arriver que tu n'avais pas d'opinion sur un sujet, et par conséquent, toutes les opinions possibles à cet égard devaient être fausses sans exception. Tu pouvais, par exemple, critiquer les Tchèques, puis les Allemands, puis les Juifs, et ce non seulement de manière sélective, mais sous tous les aspects, et finalement, il ne restait plus personne à part toi. Tu acquérais pour moi ce caractère mystérieux que possèdent tous les tyrans, dont le droit repose sur leur personne, et non sur la réflexion. Du moins, c'était ainsi que cela me semblait.

Effectivement, tu avais étonnamment souvent raison face à moi, ce qui était évident dans nos échanges, car nous parlions à peine, mais aussi dans la réalité. Pourtant, cela n'avait rien de particulièrement incompréhensible. J'étais soumis, dans toute ma pensée, à ta forte pression, même dans les pensées qui ne correspondaient pas aux tiennes, et surtout dans celles-ci. Toutes ces pensées apparemment indépendantes de toi étaient d'emblée chargées de ton jugement désapprobateur; supporter cela jusqu'à la complétion entière et durable de la pensée était presque impossible. Je ne parle pas ici de pensées élevées, mais de chaque petite entreprise de l'enfance. Il suffisait d'être heureux de quelque chose, d'en être empli, de rentrer à la maison pour l'exprimer, et la réponse était un soupir ironique, un hochement de tête, un tapotement de doigt sur la table : « J'ai déjà vu de plus belles choses », ou « Dis-moi tes soucis à toi », ou « Je n'ai pas la tête à ça », ou encore « Pas un événement ! » ou « Achète-toi quelque chose avec ça ! ». Bien sûr, on ne pouvait pas exiger de toi de l'enthousiasme pour chaque petite affaire d'enfant, surtout quand tu étais préoccupé et accablé par des soucis. Mais ce n'était pas de cela qu'il s'agissait. Il s'agissait plutôt du fait que, par la force de ton caractère opposé, tu devais toujours et fondamentalement préparer de telles déceptions pour l'enfant, que cet antagonisme, par l'accumulation de matériel, se renforçait sans cesse, si bien qu'il se manifestait finalement aussi par habitude, même quand tu étais d'accord avec moi, et que finalement, ces déceptions de l'enfant n'étaient pas des déceptions de la vie ordinaire, mais touchaient le cœur même de l'affaire, puisqu'il s'agissait de ta personne, qui était déterminante en tout. Le courage, la détermination, la confiance, la joie de ceci ou cela ne tenaient pas jusqu'au bout, si tu étais contre ou même si ton opposition pouvait simplement être supposée; et elle pouvait être supposée dans presque tout ce que je faisais.

Cela s'appliquait autant aux pensées qu'aux personnes. Il suffisait que je montre un peu d'intérêt pour quelqu'un – ce qui, en raison de ma nature, n'arrivait pas très souvent – pour que tu t'en prennes à cette personne sans aucun égard pour mes sentiments ni respect pour mon jugement, avec des insultes, des calomnies, des dégradations. Des personnes innocentes et enfantines, comme par exemple l'acteur yiddish Löwy, en payaient le prix. Sans le connaître, tu le comparais de manière terrible, que j'ai depuis oubliée, à des insectes nuisibles, et comme si souvent pour les gens qui m'étaient chers, tu avais automatiquement le proverbe des chiens et des puces à la bouche. Je me souviens particulièrement de l'acteur ici, car j'avais noté tes paroles à son sujet à l'époque avec cette remarque : « C'est ainsi que mon père parle de mon ami (qu'il ne connaît même pas) simplement parce qu'il est mon ami. Je pourrai toujours lui opposer cela lorsqu'il me reprochera un manque d'amour filial et de gratitude. » Ce qui m'a toujours été incompréhensible, c'est ton insensibilité totale quant à la douleur et la honte que tes paroles pouvaient infliger, comme si tu n'avais aucune idée de ton pouvoir. Moi aussi, j'ai sûrement souvent blessé avec mes mots, mais j'en étais toujours conscient, cela me faisait mal, mais je ne pouvais pas me contrôler, retenir mes mots, je les regrettais déjà pendant que je les prononçais. Toi, en revanche, tu frappais avec tes mots sans hésiter, personne ne t'inspirait de pitié, ni pendant, ni après, on était complètement sans défense contre toi.

Mais c'était toute ta méthode d'éducation. Je pense que tu avais un talent pour éduquer; à quelqu'un de ton genre, tu aurais certainement pu être utile par l'éducation; il aurait compris la raison de ce que tu lui disais, ne se serait préoccupé de rien d'autre et aurait exécuté les choses calmement. Pour moi, enfant, tout ce que tu me disais était pratiquement un commandement divin, je ne l'oubliais jamais, cela restait mon principal moyen d'évaluer le monde, surtout de t'évaluer toi-même, et là tu échouais complètement. Comme j'étais principalement avec toi lors des repas, ton enseignement était en grande partie une leçon de bon comportement à table. Ce qui était servi devait être mangé, il ne fallait pas discuter de la qualité de la nourriture — Toi, cependant, tu trouvais souvent la nourriture immangeable, la qualifiant de « pâtée », et disais que « la bête » (la cuisinière) l'avait gâchée. Parce que tu mangeais rapidement, à cause de ton appétit robuste et de tes goûts particuliers, en prenant de grandes bouchées chaudes, l'enfant que j'étais devait se dépêcher. Un silence morose régnait à table, seulement interrompu par des remontrances : « Mange d'abord, parle ensuite » ou « plus vite, plus vite, plus vite » ou « regarde, j'ai déjà fini de manger ». On ne pouvait pas croquer les os, toi oui. On ne pouvait pas siroter du vinaigre, toi oui. L'essentiel était de couper le pain droit ; mais que tu le fasses avec un couteau dégoulinant de sauce, cela n'avait pas d'importance. Il fallait faire attention à ne pas laisser tomber de restes de nourriture par terre, mais sous ta chaise, il y en avait finalement le plus. À table, on ne devait s'occuper que de manger, mais toi, tu nettoyais et coupais tes ongles, taillais des crayons, nettoyais tes oreilles avec un cure-dent. S'il te plaît, père, comprends-moi bien, cela aurait été en soi des détails complètement insignifiants, mais ils sont devenus oppressants pour moi uniquement parce que toi, la personne si déterminante à mes yeux, tu ne te conformais pas aux commandements que tu m'imposais. Cela divisait le monde pour moi en trois parties : une où je vivais, l'esclave, sous des lois qui semblaient inventées juste pour moi et auxquelles je ne pouvais jamais tout à fait répondre, je ne savais pas pourquoi; puis un second monde, infiniment éloigné du mien, où tu vivais, occupé à gouverner, à émettre des ordres et à te fâcher de leur non-exécution; et enfin un troisième monde, où les autres vivaient heureux et libres de toute obligation d'obéissance. J'étais constamment dans la honte, soit en obéissant à tes ordres, ce qui était une honte puisqu'ils ne valaient que pour moi ; soit en étant rebelle, ce qui était aussi une honte, car comment osais-je te défier ? ou je ne pouvais pas suivre parce que je n'avais pas ta force, ton appétit, ta dextérité, bien que tu les exigesses de moi comme si c'était évident ; c'était de loin la plus grande honte. C'est ainsi que se mouvaient non pas les réflexions, mais les sentiments de l'enfant.

Ma situation de l'époque pourrait devenir plus claire si je la compare à celle de Felix. Tu le traites aussi de manière similaire, en utilisant même contre lui un moyen d'éducation particulièrement terrible, en ajoutant, lorsque selon toi il fait quelque chose de sale à table, non seulement ce que tu me disais à l'époque : « Tu es un grand porc », mais aussi : « un vrai Hermann » ou « tout comme ton père ». Cependant, cela ne nuit peut-être — et on ne peut dire que "peut-être" — pas vraiment à Felix, car pour lui, tu es juste un grand-père certes très important, mais pas tout comme tu l'as été pour moi. De plus, Felix est un caractère calme, déjà en quelque sorte masculin, qui peut être impressionné par une voix tonnante, mais pas influencé de manière durable, surtout qu'il n'est que relativement rarement avec toi, il est également sous d'autres influences, tu es pour lui quelque chose de cher mais curieux, d'où il peut choisir ce qu'il veut prendre. Pour moi, tu n'étais rien de curieux, je ne pouvais pas choisir, je devais tout prendre.

Et cela sans pouvoir rien objecter, car il t'est d'emblée impossible de discuter calmement d'une question avec laquelle tu n'es pas d'accord ou qui simplement ne vient pas de toi ; ton tempérament autoritaire ne le permet pas. Ces dernières années, tu expliques cela par ta nervosité cardiaque, mais je ne sais pas que tu aies jamais été fondamentalement différent, au mieux la nervosité cardiaque est-elle un moyen pour toi d'exercer un contrôle plus strict, puisque l'idée même de celle-ci doit étouffer toute réplique chez l'autre. Ce n'est bien sûr pas un reproche, mais simplement la constatation d'un fait. « On ne peut pas parler avec elle, elle vous saute immédiatement au visage », dis-tu habituellement, mais en réalité, elle ne saute pas du tout au début ; tu confonds la question avec la personne ; la question te saute au visage et tu tranches immédiatement sans écouter la personne ; ce qui est dit ensuite ne peut que t'irriter davantage, jamais te convaincre. Ensuite, on n'entend de toi que : « Fais ce que tu veux ; pour moi, tu es libre ; tu es majeur ; je n'ai pas de conseils à te donner », et tout cela avec le ton rauque et terrible de la colère et de la condamnation totale, devant laquelle je tremble aujourd'hui moins qu'à l'époque de mon enfance, parce que le sentiment de culpabilité exclusif de l'enfant est en partie remplacé par la compréhension de notre impuissance commune.

L'impossibilité d'une interaction calme a eu une conséquence très naturelle : j'ai perdu l'habitude de parler. Je ne serais probablement pas devenu un grand orateur de toute façon, mais j'aurais maîtrisé le langage humain courant. Cependant, tu m'as interdit la parole assez tôt. Ta menace : « Pas un mot de contradiction ! » et la main levée m'accompagnent depuis toujours. Face à toi – qui deviens un excellent orateur dès qu'il s'agit de tes affaires – je me mettais à parler de manière hésitante, bégayante, et même cela était encore trop pour toi ; finalement, je me taisais, d'abord peut-être par défi, puis parce que je ne pouvais ni penser ni parler en ta présence. Et comme tu étais mon véritable éducateur, cela a eu des répercussions partout dans ma vie. C'est d'ailleurs une étrange erreur de croire que je ne t'ai jamais obéi. « Toujours tout contre » n'a vraiment pas été mon principe de vie vis-à-vis de toi, comme tu le crois et me le reproches. Au contraire : si je t'avais moins suivi, tu aurais sûrement été beaucoup plus satisfait de moi. En réalité, toutes tes mesures éducatives ont fait mouche ; je n'ai esquivé aucune de tes prises ; tel que je suis, je suis (bien sûr à l'exception des bases et de l'impact de la vie) le résultat de ton éducation et de ma docilité. Que ce résultat te soit malgré tout désagréable, voire que tu refuses inconsciemment de le reconnaître comme le fruit de ton éducation, cela vient du fait que ta main et ma matière ont été si étrangères l'une à l'autre. Tu disais : « Pas un mot de contradiction ! » pour faire taire en moi les forces contraires qui te déplaisaient, mais cette influence était trop forte pour moi, j'étais trop obéissant, je me suis complètement tu, me suis caché devant toi, et n'osais m'agiter que lorsque j'étais suffisamment loin de toi pour que ton pouvoir, du moins directement, ne puisse plus m'atteindre. Toi, tu restais là, et tout te semblait encore être du « contre », alors que c'était simplement la conséquence logique de ta force et de ma faiblesse.

Tes moyens rhétoriques extrêmement efficaces dans l'éducation, qui ne m'ont jamais fait défaut à moi, étaient : les réprimandes, les menaces, l'ironie, le rire méchant et, curieusement, l'auto-apitoiement.

Je ne me souviens pas que tu m'aies directement insulté avec des jurons explicites. Ce n'était pas nécessaire, tu avais tant d'autres moyens, et les injures volaient autour de moi à la maison et surtout au travail, en si grande quantité sur les autres, que parfois, quand j'étais petit garçon, j'en étais presque étourdi et je n'avais aucune raison de ne pas les appliquer aussi à moi-même, car les gens que tu insultais n'étaient certainement pas pires que moi et tu n'étais certainement pas moins satisfait d'eux que de moi. Et ici encore, il y avait ton mystérieuse innocence et intouchabilité, tu insultais sans te faire le moindre souci à ce sujet, et en fait, tu condamnais l'insulte chez les autres et l'interdisais.

Les réprimandes étaient renforcées par des menaces, et cela s'appliquait également à moi. Par exemple, c'était terrifiant quand tu disais : « Je vais te déchirer comme un poisson », même si je savais qu'il ne s'en suivrait rien de pire (ce que je ne savais pas quand j'étais petit enfant), mais cela correspondait presque à mes conceptions de ton pouvoir, que tu aurais été capable de faire même cela. C'était aussi effrayant quand tu courais autour de la table en criant, essayant de m'attraper, sans apparemment vraiment vouloir le faire, mais le suggérant tout de même, et finalement, la mère semblait me sauver. Encore une fois, il semblait à l'enfant que la vie avait été préservée par ta grâce et qu'il la portait comme ton cadeau immérité. Cela inclut aussi les menaces relatives aux conséquences de la désobéissance. Quand je commençais à faire quelque chose qui ne te plaisait pas et que tu me menaçais d'échec, le respect pour ton opinion était si grand que l'échec, même s'il était peut-être destiné à une période ultérieure, était inévitable. Je perdais confiance en mes propres actions. J'étais inconstant, incertain. Plus je vieillissais, plus tu avais de matière pour prouver ma nullité, et petit à petit, tu avais en quelque sorte vraiment raison. Je me garde bien de prétendre que je suis devenu ainsi uniquement à cause de toi ; tu n'as fait qu'intensifier ce qui était déjà là, mais tu l'as beaucoup intensifié, car tu étais très puissant vis-à-vis de moi et tu utilisais toute cette puissance à cet effet.

Tu avais une confiance particulière en l'éducation par l'ironie, qui correspondait également le mieux à ta supériorité sur moi. Une remontrance prenait généralement cette forme chez toi : « Ne peux-tu pas faire cela comme ci ou comme ça ? Cela t'est probablement déjà trop demander ? Tu n'as évidemment pas le temps pour ça ? » et ainsi de suite. Chaque question de ce type était accompagnée d'un rire méchant et d'une expression féroce. On était en quelque sorte déjà puni avant même de savoir qu'on avait fait quelque chose de mal. Les réprimandes où l'on était traité comme une tierce personne étaient également provocantes, de sorte que l'on n'était même pas digne d'une mauvaise interpellation directe ; par exemple, tu t'adressais formellement à la mère, mais en réalité à moi, qui étais assis là, comme : « On ne peut évidemment pas s'attendre à cela de Monsieur le Fils » et similaires. (Cela se reflétait ensuite dans le fait que je n'osais pas, et plus tard, par habitude, je ne pensais même plus à te demander directement quelque chose quand la mère était présente. Il était beaucoup moins dangereux pour l'enfant de questionner la mère assise à côté de toi à propos de toi, on demandait alors à la mère : « Comment va le père ? » et ainsi on se protégeait des surprises.) Il y avait bien sûr aussi des cas où l'on était très d'accord avec la pire ironie, notamment lorsqu'elle concernait quelqu'un d'autre, comme Elli, avec qui j'étais en colère pendant des années. C'était pour moi une fête de méchanceté et de schadenfreude quand il était question d'elle presque à chaque repas : « Elle doit s'asseoir à dix mètres de la table, la grosse fille », et quand tu tentais alors, méchamment sur ta chaise, sans la moindre trace d'amabilité ou de bonne humeur, mais comme un ennemi acharné, d'imiter de manière exagérée combien elle mangeait de façon répugnante à ton goût. Combien de fois cela a-t-il dû se répéter, et combien peu as-tu réellement accompli de concret. Je pense que c'était parce que le déchaînement de colère et de méchanceté ne semblait pas proportionné à la situation elle-même, on n'avait pas l'impression que la colère était générée par cette petite affaire de s'asseoir loin de la table, mais qu'elle était déjà présente dans toute sa grandeur à l'avance et qu'elle avait juste saisi cette occasion pour éclater. Comme on était convaincu qu'une occasion se trouverait de toute façon, on ne se contrôlait pas particulièrement, on s'émoussait aussi sous la menace constante ; qu'on n'était pas battu, on en était progressivement presque sûr. On devenait un enfant maussade, inattentif, désobéissant, toujours prêt à fuir, le plus souvent intérieurement. Ainsi tu souffrais, ainsi nous souffrions. Du point de vue où tu te plaçais, tu avais tout à fait raison quand tu disais avec des dents serrées et ce rire rauque qui avait donné pour la première fois des visions infernales à l'enfant

(comme récemment à propos d'une lettre de Constantinople) :
« Quelle compagnie ! »

Il semblait totalement incompatible avec ta position vis-à-vis de tes enfants que tu te plaignes publiquement, ce qui arrivait très souvent. J'avoue qu'enfant (et plus tard également), je n'avais absolument aucune empathie pour cela et je ne comprenais pas comment tu pouvais t'attendre à trouver de la compassion. Tu étais immense en tout sens ; que pouvait donc signifier pour toi notre pitié, ou même notre aide ? Tu devais sûrement les mépriser, comme tu nous méprisais si souvent. Je ne croyais donc pas à tes plaintes et cherchais une intention secrète derrière elles. Ce n'est que plus tard que j'ai compris que tu souffrais réellement à cause des enfants. Cependant, à cette époque, où les plaintes auraient pu rencontrer un esprit enfantin, ouvert, insouciant, prêt à aider en toutes circonstances, elles ne pouvaient apparaître à mes yeux que comme des moyens d'éducation et d'humiliation trop évidents, pas très puissants en soi, mais ayant l'effet secondaire nuisible d'habituer l'enfant à ne pas prendre très au sérieux des choses qu'il aurait dû prendre au sérieux.

Heureusement, il y avait des exceptions, surtout lorsque tu souffrais en silence, et que l'amour et la bonté avec leur force surmontaient tout obstacle et touchaient directement. C'était rare, mais c'était merveilleux. Par exemple, quand je te voyais, dans les étés chauds, t'assoupir un peu après le repas au bureau, le coude sur le comptoir ; ou quand tu venais, épuisé, nous rejoindre en villégiature le dimanche ; ou lorsque, lors d'une grave maladie de maman, tu te tenais tremblant de pleurs au meuble à livres ; ou quand, durant ma dernière maladie, tu venais doucement dans la chambre d'Ottla, restais sur le seuil, ne tendais que le cou pour me voir dans le lit, et ne saluais qu'avec la main par égard. À ces moments-là, on se couchait et on pleurait de bonheur, et maintenant encore, les larmes coulent en l'écrivant.

Tu as aussi une manière particulièrement belle et rare de sourire tranquillement, satisfait et approbateur, qui peut rendre complètement heureux celui à qui il est destiné. Je ne me souviens pas qu'il m'ait été explicitement adressé dans mon enfance, mais cela a probablement eu lieu, car pourquoi me l'aurais-tu refusé à l'époque, alors que je te semblais encore innocent et que j'étais ta grande espérance. Néanmoins, de telles impressions amicales n'ont, à long terme, rien accompli d'autre que d'augmenter mon sentiment de culpabilité et de rendre le monde encore plus incompréhensible pour moi.

Plutôt que de m'attarder sur les émotions, je préférais me concentrer sur les faits et les constantes. Pour me faire valoir un peu face à toi, et en partie aussi par une sorte de revanche, j'ai commencé tôt à observer, à recueillir et à exagérer les petites absurdités que je remarquais chez toi. Par exemple, comment tu te laissais facilement éblouir par des personnes apparemment de rang supérieur et dont tu pouvais parler sans cesse, comme un certain conseiller impérial ou similaire (d'un autre côté, cela me faisait aussi mal que toi, mon père, tu sembles avoir besoin de telles validations insignifiantes de ta valeur et que tu en fasses grand cas). Ou j'observais ta prédilection pour des expressions indécentes, bruyamment prononcées, dont tu riais comme si tu avais dit quelque chose de particulièrement brillant, alors qu'il s'agissait juste d'une vulgarité banale (cependant, c'était en même temps une expression embarrassante de ta vitalité qui me faisait honte). Il y avait naturellement beaucoup de telles observations ; j'étais heureux à leur sujet, elles étaient pour moi une occasion de commérages et de plaisanteries. Tu t'en apercevais parfois, cela te contrariait, tu le prenais pour de la méchanceté, un manque de respect, mais crois-moi, c'était pour moi rien de plus qu'un moyen, par ailleurs inefficace, de préservation de soi. C'étaient des plaisanteries, comme on en fait sur les dieux et les rois, des plaisanteries qui non seulement se marient bien avec le respect le plus profond, mais en font même partie intégrante.

Tu as également, d'ailleurs, en réponse à ta situation similaire vis-à-vis de moi, tenté une sorte de contre-attaque. Tu avais l'habitude de souligner combien j'avais été incroyablement bien traité et combien ma situation était enviable. C'est vrai, mais je ne crois pas que cela m'ait réellement aidé étant donné les circonstances existantes.

Il est vrai que ma mère a été infiniment bonne avec moi, mais tout cela était en relation avec toi, donc pas dans une bonne relation. Inconsciemment, ma mère jouait le rôle d'un rabatteur dans une chasse. Si jamais ton éducation, dans un cas improbable, avait pu me rendre autonome en générant de la rébellion, de l'aversion ou même de la haine, cela était compensé par la bonté de ma mère, par ses paroles sensées (elle était dans le chaos de l'enfance l'incarnation même de la raison), par son intercession, et j'étais ainsi de nouveau ramené dans ton cercle, d'où j'aurais peut-être pu m'échapper, à ton avantage et au mien. Ou alors, il se passait que aucune véritable réconciliation n'avait lieu, que ma mère me protégeait de toi seulement en secret, me donnait quelque chose en secret, me permettait quelque chose, et alors j'étais de nouveau devant toi une créature craintive de la lumière, un trompeur, conscient de sa culpabilité, qui, à cause de sa propre insignifiance, ne pouvait atteindre ce qu'il considérait comme son droit que par des chemins détournés. Naturellement, je me suis alors habitué à chercher sur ces chemins même ce que je considérais, même à mon avis, comme indû. Cela augmentait encore mon sentiment de culpabilité.

Il est aussi vrai que tu ne m'as presque jamais vraiment frappé. Mais les cris, ton visage qui rougissait, le geste précipité de détacher tes bretelles, leur préparation sur le dossier de la chaise, étaient pour moi presque pires. C'est comme si quelqu'un devait être pendu. S'il est vraiment pendu, alors il est mort et tout est fini. Mais s'il doit vivre toutes les préparations pour être pendu et n'apprend sa grâce que lorsque la corde est déjà devant son visage, il peut en souffrir toute sa vie. De plus, de ces nombreuses fois où j'aurais mérité une punition selon toi, mais j'y avais échappé de justesse par ta grâce, s'accumulait encore une grande conscience de culpabilité. De toutes parts, je tombais dans ta dette.

Tu m'as toujours reproché (soit en privé soit devant d'autres, sans ressentir l'humiliation que cela représentait pour moi ; les affaires de tes enfants étaient toujours publiques), que grâce à ton travail, j'ai pu vivre sans privations, dans la tranquillité, la chaleur et l'abondance. Je pense à des remarques qui ont dû littéralement creuser des sillons dans mon cerveau, comme : « Déjà à 7 ans, je devais conduire la charrette à travers les villages », « Nous devions tous dormir dans une seule pièce », « Nous étions heureux quand nous avions des pommes de terre », « Pendant des années, j'ai eu des plaies ouvertes sur les jambes à cause de vêtements d'hiver insuffisants », « Petit garçon, je devais déjà travailler à Pisek », « De la maison, je n'ai rien reçu, même pas à l'armée, je devais encore envoyer de l'argent à la maison », « Mais malgré tout, malgré tout - le père était toujours le père. Qui sait cela aujourd'hui ! Que savent les enfants ! Personne n'a souffert comme ça ! Un enfant comprend-il cela aujourd'hui ? » Ces récits auraient pu être un excellent moyen d'éducation dans d'autres circonstances, ils auraient pu encourager et renforcer pour surmonter les mêmes épreuves et privations que le père avait endurées. Mais tu ne le voulais pas vraiment, car la situation avait changé grâce aux résultats de tes efforts, il n'y avait pas d'occasion de se distinguer de la manière dont tu l'avais fait. Une telle occasion aurait dû être créée par la force et le renversement, il aurait fallu s'échapper de la maison (à supposer qu'on en ait la détermination et la force, et que la mère n'ait pas travaillé avec d'autres moyens contre cela). Mais tu ne voulais rien de tout cela, tu le considérais comme de l'ingratitude, de l'exagération, de la désobéissance, de la trahison, de la folie. Alors que d'un côté tu incitais par l'exemple, le récit et la honte, tu l'interdisais strictement de l'autre côté. Sinon, par exemple, en mettant de côté les circonstances secondaires, tu aurais dû être enchanté par l'aventure d'Ottla à Zürauer. Elle voulait aller à la campagne, d'où tu venais, elle voulait avoir du travail et des privations, comme tu en avais eu, elle ne voulait pas profiter des succès de ton travail, tout comme toi tu avais été indépendant de ton père. Étaient-ce des intentions si terribles ? Si éloignées de ton exemple et de ton enseignement ? Certes, les intentions d'Ottla ont finalement échoué dans les faits, ont peut-être été un peu ridicules, réalisées avec trop de bruit, elle n'a pas pris assez de considération pour ses parents. Mais cela était-il exclusivement de sa faute, et non aussi celle des circonstances et surtout du fait que tu lui étais si étranger ? Était-elle vraiment moins étrangère à l'entreprise (comme tu as voulu te convaincre plus tard) qu'après à Zürau ? Et n'aurais-tu pas certainement eu le pouvoir (à condition que tu aies pu te résoudre à cela) de faire quelque chose de très bien de cette aventure par des encouragements, des conseils et une supervision, voire même simplement par tolérance ?

En lien avec de telles expériences, tu avais l'habitude de dire en plaisantant amèrement que nous avions eu la vie trop facile. Mais cette plaisanterie n'en est en quelque sorte pas une. Ce que tu as dû conquérir par toi-même, nous l'avons reçu de ta main, mais le combat pour la survie extérieure, qui t'était immédiatement accessible et qui reste inévitable pour nous aussi, nous devons le mener tardivement, avec des forces enfantines à l'âge adulte. Je ne dis pas que notre situation est nécessairement moins favorable que la tienne, elle est probablement équivalente (bien que les dispositions de base ne soient pas comparées), mais nous sommes désavantagés en ce sens que nous ne pouvons pas nous vanter de notre misère ni humilier personne avec elle, comme tu l'as fait avec la tienne. Je ne nie pas non plus qu'il aurait été possible que je jouisse vraiment des fruits de ton grand et fructueux travail, que je les valorise et continue à travailler avec eux pour ton plaisir, mais notre éloignement l'a empêché. J'ai pu jouir de ce que tu donnais, mais seulement avec honte, fatigue, faiblesse, conscience de culpabilité. C'est pourquoi je ne pouvais t'être reconnaissant que de manière mendicante, et non par des actes.

Le résultat extérieur immédiat de toute cette éducation fut que je fuyais tout ce qui pouvait me rappeler de loin ta présence. D'abord le commerce. En soi, particulièrement pendant mon enfance, alors que c'était encore un commerce de rue, cela aurait dû grandement me plaire. C'était vivant, illuminé le soir, on voyait et entendait beaucoup, on pouvait parfois aider, se distinguer, mais surtout t'admirer dans tes talents commerciaux remarquables, voir comment tu vendais, traitais les gens, faisais des plaisanteries, étais infatigable, savais toujours quoi faire en cas de doute, etc. Même la façon dont tu emballais ou ouvrais une caisse était un spectacle digne d'intérêt et, dans l'ensemble, certainement pas la pire école pour un enfant. Mais comme tu finissais par m'effrayer sous tous les angles et que le commerce et toi vous confondiez à mes yeux, le commerce ne me plaisait plus non plus. Les choses qui m'étaient d'abord apparues comme allant de soi là-bas, me tourmentaient et me faisaient honte, en particulier ta façon de traiter le personnel. Je ne sais pas, peut-être que c'était ainsi dans la plupart des commerces (à l'Assecurazioni Generali par exemple, à mon époque, c'était vraiment similaire, j'ai expliqué au directeur, pas tout à fait honnêtement mais pas totalement mensongèrement non plus, ma démission par le fait que je ne pouvais pas supporter les réprimandes, qui, d'ailleurs, ne me touchaient pas directement ; j'étais déjà douloureusement sensible à cela à cause de mon environnement familial) mais les autres commerces ne m'intéressaient pas pendant mon enfance. Mais toi, je t'entendais et te voyais dans le commerce crier, tempêter et fulminer, comme je croyais qu'on ne le voyait nulle part ailleurs dans le monde. Et pas seulement les réprimandes, mais aussi d'autres formes de tyrannie. Comme par exemple quand tu jettais brusquement des marchandises que tu ne voulais pas confondre avec d'autres hors du comptoir – seule la perte de contrôle de ta colère te servait un peu d'excuse – et le commis devait les ramasser. Ou ton expression habituelle concernant un commis atteint de tuberculose : « Qu'il crève, ce chien malade ! ». Tu appelais les employés « ennemis payés », et ils l'étaient effectivement, mais avant même qu'ils ne le deviennent, tu me semblais être leur « ennemi payeur ». Là, j'ai aussi appris la grande leçon que tu pouvais être injuste ; je ne l'aurais pas remarqué aussi vite sur moi-même, car trop de sentiment de culpabilité s'était accumulé, ce qui te donnait raison ; mais là, selon mon opinion d'enfant, plus tard certes un peu corrigée mais pas excessivement, il y avait des étrangers qui travaillaient pour nous et qui devaient vivre dans une peur constante de toi. Naturellement, j'exagérais, parce que je supposais sans plus que tu avais le même effet terrifiant sur ces gens que sur moi. Si cela avait été le cas, ils n'auraient vraiment pas pu vivre ; mais comme c'étaient des adultes, la plupart avec d'excellents nerfs, ils repoussaient facilement les réprimandes et finalement, cela te nuisait beaucoup plus qu'à eux. Pour moi, cependant, cela rendait le commerce insupportable, cela me rappelait trop ma relation avec toi : en tant que chef d'entreprise et indépendamment de ton désir de domination, tu étais tellement supérieur à tous ceux qui avaient jamais appris chez toi, qu'aucune de leurs performances ne pouvait te satisfaire, de manière similaire, tu devais être éternellement insatisfait de moi.

C'est pourquoi je devais nécessairement appartenir au parti du personnel, également parce que, par peur, je ne comprenais pas comment on pouvait insulter un étranger de cette manière, et donc par peur, je voulais d'une manière ou d'une autre réconcilier le personnel, à mon avis terriblement provoqué, avec toi, avec notre famille, pour ma propre sécurité. Pour cela, un comportement ordinaire et décent envers le personnel ne suffisait plus, pas même un comportement modeste ; je devais être humble, non seulement saluer en premier, mais si possible aussi repousser le salut en retour. Et si moi, la personne insignifiante, je leur avais léché les pieds, cela n'aurait toujours pas compensé la manière dont toi, le patron, tu les malmenais. Cette relation dans laquelle j'entrais ici avec mes semblables avait des répercussions au-delà du commerce et dans le futur (quelque chose de similaire, mais pas aussi dangereux et profond que chez moi, est par exemple la préférence d'Ottla pour la fréquentation de personnes pauvres, le fait de s'asseoir avec les domestiques, etc., qui t'énervait tant). Finalement, j'avais presque peur du commerce et de toute façon, il n'était plus vraiment mon affaire bien avant que je n'entre au gymnase, ce qui m'éloignait encore davantage. Il me semblait aussi tout à fait hors de portée pour mes capacités, puisque, comme tu le disais, il épuisait même les tiennes. Tu as ensuite essayé (ce qui est aujourd'hui pour moi touchant et embarrassant) de tirer un peu de douceur de mon aversion très douloureuse pour toi envers le commerce, ton œuvre, en affirmant que je manquais de sens des affaires, que j'avais des idées plus élevées en tête, etc. Ma mère était naturellement heureuse de cette explication que tu t'étais forcée à donner, et moi, dans ma vanité et ma détresse, j'étais également influencé par cela. Mais si ce n'avaient été vraiment que ou principalement les « idées supérieures » qui m'avaient éloigné du commerce (que je déteste maintenant, mais seulement maintenant, honnêtement et réellement), elles auraient dû se manifester différemment, plutôt que de me laisser nager tranquillement et anxieusement à travers le gymnase et les études de droit, jusqu'à ce que je finisse définitivement derrière un bureau de fonctionnaire.

Si je voulais fuir devant toi, je devais aussi fuir la famille, même la mère. Chez elle, on pouvait certes toujours trouver protection, mais uniquement en relation avec toi. Elle t'aimait trop et t'était trop dévouée pour pouvoir être une force intellectuelle indépendante dans le combat de l'enfant sur la durée. C'était d'ailleurs un bon instinct de l'enfant, car au fil des années, la mère devenait encore plus étroitement liée à toi ; bien qu'elle ait toujours préservé sa propre indépendance dans les moindres limites, de manière belle et délicate, sans jamais te blesser significativement, elle finissait par adopter avec le temps, plus par sentiment que par raisonnement, tes jugements et condamnations concernant les enfants, aveuglément, surtout dans le cas difficile d'Ottla. Il faut toujours se rappeler combien la position de la mère dans la famille était éprouvante et usante jusqu'au bout. Elle s'est épuisée dans le commerce, dans le ménage, a souffert doublement de toutes les maladies de la famille, mais la culmination de tout cela était ce qu'elle a souffert dans sa position intermédiaire entre nous et toi. Tu as toujours été aimant et prévenant envers elle, mais à cet égard, tu ne l'as pas épargnée, tout comme nous ne l'avons pas épargnée. Nous avons martelé sans considération sur elle, toi de ton côté, nous du nôtre. C'était une diversion, on ne pensait à rien de mal, on pensait seulement au combat que tu menais contre nous, que nous menions contre toi, et c'était sur la mère que nous déchaînions notre colère. Ce n'était pas non plus une bonne contribution à l'éducation des enfants, comme tu la torturais à cause de nous - sans aucune faute de ta part bien sûr. Cela justifiait même apparemment notre comportement autrement injustifiable envers elle. Qu'a-t-elle souffert de nous à cause de toi et de toi à cause de nous, sans compter les cas où tu avais raison parce qu'elle nous gâtait, même si ce « gâter » était parfois juste une manifestation silencieuse et inconsciente contre ton système. Naturellement, la mère n'aurait pas pu supporter tout cela si elle n'avait pas tiré la force de l'endurance de l'amour pour nous tous et du bonheur de cet amour.

Les sœurs m'ont suivi seulement en partie. Valli était la plus heureuse dans sa relation avec toi. Étant la plus proche de la mère, elle s'adaptait à toi de manière similaire, sans beaucoup d'effort ni de dommage. Tu la traitais aussi plus gentiment, en te souvenant de la mère, bien qu'il y ait peu de matériel kafkaïen en elle. Mais peut-être cela te convenait-il justement ;

là où il n'y avait rien de kafkaïen, même toi tu ne pouvais rien exiger de tel ; tu n'avais pas non plus, comme avec nous autres, le sentiment qu'il y avait quelque chose à perdre qui devait être sauvé de force. D'ailleurs, tu n'as peut-être jamais particulièrement aimé le kafkaïen, dans la mesure où il s'exprimait chez les femmes. La relation entre Valli et toi aurait même pu devenir encore plus amicale si nous autres ne l'avions pas un peu perturbée. Elli est le seul exemple de réussite presque complète d'une évasion de ton cercle. Je ne m'y serais pas attendu pendant son enfance. Elle était pourtant une enfant si lourde, fatiguée, craintive, boudeuse, consciente de sa culpabilité, trop humble, malicieuse, paresseuse, gourmande, avare. Je pouvais à peine la regarder, encore moins lui parler, tant elle me rappelait moi-même, tant elle semblait être sous le même sort éducatif. Son avarice m'était particulièrement répugnante, car je l'avais peut-être encore plus forte. L'avarice est l'un des signes les plus fiables d'un profond malheur ; j'étais si incertain de tout que je possédais réellement seulement ce que j'avais déjà dans les mains ou dans la bouche, ou du moins sur le chemin de cela, et c'est justement cela qu'elle, qui était dans une situation similaire, aimait le plus me prendre. Mais tout cela a changé quand elle est partie jeune de la maison - c'est le plus important - s'est mariée, a eu des enfants, elle est devenue joyeuse, insouciante, courageuse, généreuse, altruiste, pleine d'espoir. Il est presque incroyable comment tu n'as pas vraiment remarqué ce changement et ne l'as certainement pas évalué à sa juste valeur, tellement tu es aveuglé par la rancune que tu as toujours eue contre Elli et que tu gardes au fond de toi, même si cette rancune est maintenant beaucoup moins d'actualité, puisqu'Elli ne vit plus avec nous et que ton amour pour Felix et ton affection pour Karl l'ont rendue moins importante. Seule Gerti doit parfois encore en payer le prix.

Je crains d'écrire à propos d'Ottla, sachant que cela pourrait compromettre tout l'effet espéré de cette lettre. Dans des circonstances normales, c'est-à-dire lorsqu'elle n'est pas dans un besoin particulier ou en danger, tu éprouves seulement de la haine pour elle ; tu m'as même avoué que, selon toi, elle te cause intentionnellement de la peine et du chagrin et que, pendant que tu souffres à cause d'elle, elle est satisfaite et se réjouit. Elle serait donc une sorte de diable. Quelle énorme distance, encore plus grande qu'entre toi et moi, doit s'être creusée entre vous pour qu'une telle méconnaissance devienne possible. Elle est tellement loin de toi que tu ne la vois presque plus, mais plutôt un spectre à la place où tu la supposes. Je reconnais que tu as eu particulièrement du mal avec elle. Je ne comprends pas entièrement cette situation très compliquée, mais il semble y avoir eu quelque chose comme un genre de Löwy, armé des meilleures armes kafkaïennes. Entre nous, ce n'était pas vraiment un combat ; j'étais rapidement vaincu ; ce qui restait, c'était la fuite, l'amertume, le chagrin, la lutte intérieure. Mais vous deux, vous étiez toujours en position de combat, toujours frais, toujours forts. Un spectacle aussi magnifique que désolant. Au tout début, vous étiez certainement très proches, car encore aujourd'hui, parmi nous quatre, Ottla est peut-être la représentation la plus pure de l'union entre toi et la mère et des forces qui se sont jointes là. Je ne sais pas ce qui vous a privés du bonheur de l'harmonie entre le père et l'enfant, mais il me semble probable que le développement a été similaire à ce que j'ai vécu. De ton côté, la tyrannie de ton caractère, de son côté, la défiance à la Löwy, la sensibilité, le sens de la justice, l'agitation, tout cela soutenu par la conscience de la force kafkaïenne. J'ai bien pu l'influencer moi aussi, mais guère par ma propre initiative, plutôt par la simple réalité de mon existence. En effet, Ottla est arrivée en dernière dans un système de pouvoir déjà établi et a pu se forger sa propre opinion à partir du matériel déjà présent. Je peux même imaginer qu'un temps elle a hésité entre se jeter dans tes bras ou rejoindre tes opposants ; apparemment, tu as manqué quelque chose à ce moment-là et tu l'as repoussée. Vous auriez pu être, si cela avait été possible, un magnifique duo en harmonie. J'aurais certes perdu un allié, mais le spectacle de vous deux m'aurait largement compensé, et tu aurais été transformé à mon avantage par le bonheur incommensurable de trouver une pleine satisfaction dans au moins un de tes enfants. Tout cela est aujourd'hui simplement un rêve. Ottla n'a pas de lien avec le père, elle doit chercher son propre chemin, tout comme moi, et pour la confiance en soi, la santé, l'insouciance qu'elle a en plus par rapport à moi, elle est dans tes yeux plus mauvaise et plus traîtresse que moi. Je comprends cela ; de ton point de vue, elle ne peut pas être autrement. Oui, elle est même capable de te voir avec tes yeux, de partager ta douleur et d'en être très triste - pas désespérée, la désespération est mon domaine - mais très attristée. Bien que cela puisse sembler contradictoire, tu nous vois souvent ensemble, nous chuchotons, rions, de temps en temps tu entends ton nom mentionné. Tu as l'impression de voir des conspirateurs insolents. Étranges conspirateurs. Tu es certes un sujet principal de nos conversations, comme de nos pensées depuis toujours, mais nous ne sommes pas ensemble pour tramer quelque chose contre toi. Au contraire, nous essayons avec tous nos efforts, avec humour, sérieux, amour, défi, colère, répulsion, résignation, culpabilité, avec toutes les forces de l'esprit et du cœur, de discuter ensemble ce terrible procès qui se tient entre nous et toi, sous tous ses aspects, à chaque occasion, de près comme de loin. Dans ce procès, tu prétends toujours être le juge, alors qu'en réalité, tu es au moins en grande partie (et je laisse la porte ouverte à toutes les erreurs que je peux naturellement commettre) une partie aussi faible et aveuglée que nous. L'exemple d'Irma est instructif dans le contexte global de ton influence éducative. D'une part, elle était une étrangère, entrée adulte dans ton commerce, et te connaissait principalement en tant que chef, donc elle n'était exposée à ton influence que partiellement et à un âge déjà résistant ; d'autre part, elle était aussi une parente, elle te respectait comme le frère de son père et tu avais sur elle bien plus que le simple pouvoir d'un chef. Et pourtant, elle, qui était si compétente, intelligente, travailleuse, modeste, digne de confiance, altruiste et fidèle, qui t'aimait comme un oncle et t'admirait comme un chef, qui s'était montrée efficace dans d'autres postes avant et après - n'a pas été une très bonne employée pour toi. Poussée aussi par nous, elle était presque dans une position d'enfant vis-à-vis de toi, et telle était encore la puissance transformante de ton caractère sur elle, qu'elle développait (heureusement seulement envers toi et, espérons-le, sans la souffrance profonde de l'enfant) de l'oubli, de la négligence, de l'humour noir, et peut-être même un peu de défi, dans la mesure où elle en était capable, sans même prendre en compte le fait qu'elle était maladive, pas très heureuse par ailleurs, et accablée par une vie domestique désolante. Ce qui est significatif pour moi dans ta relation avec elle, tu l'as résumé dans une phrase qui est devenue classique pour nous, presque blasphématoire, mais très révélatrice de l'innocence dans ton traitement des gens : « La pieuse m'a laissé beaucoup de saletés derrière elle. »

Je pourrais décrire d'autres sphères de ton influence et de la lutte contre celle-ci, mais je devrais alors entrer dans des territoires incertains et construire des hypothèses. De plus, plus tu t'éloignes des affaires et de la famille, plus tu es, et as toujours été, aimable, indulgent, poli, prévenant et empathique (je veux dire, aussi extérieurement) ; de la même manière qu'un autocrate, une fois hors des frontières de son pays, n'a plus de raison de rester tyrannique et peut s'engager de bonne grâce avec les personnes les plus humbles. En fait, par exemple, sur les photos de groupe prises à Franzensbad, tu te tenais toujours gaiement et avec plaisir parmi les gens moroses, comme un roi en voyage. Les enfants auraient certes pu en bénéficier aussi, mais ils auraient dû, ce qui était impossible, être capables de le reconnaître dès l'enfance, et moi par exemple, je n'aurais pas dû toujours vivre pour ainsi dire dans l'anneau le plus intérieur, le plus strict et le plus étouffant de ton influence, comme je l'ai effectivement fait.

Tu as affirmé que j'avais perdu le sens de la famille, mais c'est le contraire : j'avais bien un sens de la famille, bien que principalement négatif, pour la dissociation intérieure continue d'avec toi. Les relations avec les personnes hors de la famille souffraient peut-être encore plus de ton influence. Tu te trompes en pensant que pour les autres je fais tout par amour et loyauté, et pour toi et la famille je ne fais rien par froideur et trahison. Je le répète pour la dixième fois : j'aurais probablement de toute façon été une personne craintive et réticente vis-à-vis des autres, mais il y a encore un long et sombre chemin de là à où je suis vraiment arrivé. [Jusqu'à présent dans cette lettre, j'ai relativement peu omis volontairement, mais maintenant et plus tard, je devrai omettre certaines choses que (devant toi et moi) j'ai encore trop de mal à admettre. Je dis cela pour que, si l'image globale semble parfois un peu floue, tu ne penses pas que c'est faute de preuves, il y a plutôt des preuves qui pourraient rendre l'image insupportablement nette. Il n'est pas facile de trouver un juste milieu ici.] Il suffit ici de rappeler le passé : j'avais perdu la confiance en moi et échangé cela contre une culpabilité sans limites. (En me souvenant de cette illimité, j'ai une fois justement écrit à propos de quelqu'un : « Il craint que la honte ne lui survive. ») Je ne pouvais pas me transformer soudainement quand je rencontrais d'autres personnes, au contraire, je tombais encore plus profondément dans la culpabilité face à eux, car je devais, comme je l'ai déjà dit, compenser chez eux ce que tu avais causé sous ma coresponsabilité dans l'entreprise. De plus, tu avais quelque chose à redire, ouvertement ou en secret, sur chaque personne avec qui j'interagissais, et je devais également m'excuser auprès d'eux. La méfiance que tu cherchais à m'inculquer dans les affaires et la famille à l'égard de la plupart des gens (nomme-moi une personne de mon enfance qui avait une quelconque importance pour moi et que tu n'aurais pas critiquée à fond au moins une fois) et qui, curieusement, ne te pesait pas particulièrement (tu étais assez fort pour la supporter, en plus c'était peut-être en réalité juste un emblème du dirigeant) - cette méfiance, qui pour mes propres yeux ne se confirmait nulle part, car je voyais partout seulement des gens excellents et inaccessibles, est devenue en moi une méfiance envers moi-même et une peur constante de tout le reste. Là, je ne pouvais certainement pas me sauver de toi en général. Si tu te trompais à ce sujet, c'était peut-être parce que tu n'apprenais en réalité rien de mes relations avec les gens, et, méfiant et jaloux (je ne nie pas que tu m'aimes), tu supposais que je devais me compenser ailleurs pour ce qui me manquait dans la vie familiale, car il serait impossible que je vive de la même manière à l'extérieur. D'ailleurs, à cet égard, pendant mon enfance, j'avais encore un certain réconfort dans la méfiance envers mon propre jugement ; je me disais : « Tu exagères, tu ressens, comme la jeunesse le fait toujours, les petites choses trop comme de grandes exceptions. » Mais j'ai presque perdu ce réconfort plus tard, avec une vision du monde de plus en plus large.

Je n'ai trouvé aucun salut en toi à travers le judaïsme non plus. Ici, un salut aurait pu être envisageable en soi, ou même plus, il aurait pu être envisageable que nous nous retrouvions tous les deux dans le judaïsme, ou que nous en soyons partis ensemble d'accord. Mais quel était ce judaïsme que j'ai reçu de toi ! Au fil des années, je m'y suis rapporté de trois manières différentes.

Enfant, en accord avec toi, je me reprochais de ne pas aller suffisamment au temple, de ne pas jeûner, etc. Je ne croyais pas me faire du tort à moi-même, mais plutôt à toi, et un sentiment de culpabilité, toujours prêt à surgir, me traversait.

Plus tard, devenu jeune adulte, je ne comprenais pas comment tu pouvais me reprocher, avec le peu de judaïsme que tu possédais, de ne pas m'efforcer de pratiquer un semblable néant (par piété, comme tu l'exprimais). C'était vraiment, autant que je pouvais le voir, un néant, une plaisanterie, pas même une plaisanterie. Tu allais au temple quatre jours par an, tu étais là-bas plus proche des indifférents que de ceux qui prenaient cela au sérieux, tu accomplissais les prières comme une formalité avec patience, et parfois tu me surprenais en me montrant dans le livre de prières l'endroit qui était récité à ce moment-là. D'ailleurs, tant que j'étais au temple (c'était l'essentiel), j'étais libre de me faufiler où je voulais. Je baillais et somnolais donc là-bas pendant de longues heures (je crois que je ne me suis jamais autant ennuyé par la suite, sauf peut-être pendant les cours de danse) et tentais de profiter des quelques petites distractions disponibles, comme lorsque l'Arche sainte était ouverte, ce qui me rappelait toujours les stands de tir où, si l'on touchait une cible noire, une porte de boîte s'ouvrait, sauf qu'ici, quelque chose d'intéressant en sortait toujours, tandis que là, c'étaient toujours les mêmes vieilles poupées sans tête. D'ailleurs, j'ai aussi ressenti beaucoup de peur là-bas, non seulement naturellement à cause des nombreuses personnes avec qui on entrait en contact, mais aussi parce que tu avais mentionné en passant que je pourrais être appelé à la Torah. J'ai tremblé à cette idée pendant des années. À part cela, mon ennui n'était pas vraiment perturbé, excepté par la Bar-mitzvah, qui ne demandait qu'un apprentissage par cœur ridicule, menant donc à une performance d'examen tout aussi ridicule, et ensuite, en ce qui te concerne, par de petits incidents insignifiants, comme lorsque tu étais appelé à la Torah et que tu passais cet événement que je percevais comme purement social sans encombre, ou lorsque tu restais au temple pour la cérémonie à la mémoire des défunts et que j'étais renvoyé, ce qui, pendant longtemps, me donnait, probablement à cause de l'exclusion et du manque de participation profonde, un sentiment à peine conscient que quelque chose d'indécent se produisait là. - C'est ainsi que c'était au temple, chez nous, c'était peut-être encore plus pauvre et se limitait au premier soir de Seder, qui devenait de plus en plus une comédie provoquant des crises de rire, surtout sous l'influence des enfants qui grandissaient. (Pourquoi devais-tu te soumettre à cette influence ? Parce que tu l'avais provoquée.) C'était donc le matériau de foi qui m'était transmis, auquel s'ajoutait tout au plus la main tendue qui pointait vers "les fils du millionnaire Fuchs", présents au temple avec leur père lors des fêtes importantes. Je ne comprenais pas comment, avec ce matériau, on pouvait faire mieux que de s'en débarrasser le plus rapidement possible ; c'était justement cette action de m'en débarrasser qui me semblait être le geste le plus respectueux.

Plus tard encore, je vis les choses différemment et compris pourquoi tu pouvais croire que je te trahissais malicieusement aussi dans ce domaine. Tu avais vraiment apporté du judaïsme de la petite communauté villageoise de type ghetto, ce n'était pas beaucoup et cela s'était encore un peu perdu en ville et à l'armée, mais les impressions et les souvenirs de jeunesse suffisaient à peine pour constituer une sorte de vie juive, surtout que tu n'avais pas beaucoup besoin de telles aides, étant d'un tronc très robuste et, pour ta personne, peu ébranlable par des scrupules religieux, sauf s'ils se mêlaient grandement à des considérations sociales. Au fond, la foi qui guidait ta vie résidait dans ta conviction de la justesse absolue des opinions d'une certaine classe sociale juive et, en réalité, puisque ces opinions faisaient partie de ton essence, tu croyais en toi-même. Il y avait encore là suffisamment de judaïsme, mais pour être transmis à l'enfant, c'était trop peu, cela se perdait totalement tandis que tu le transmettais. En partie, il s'agissait d'impressions de jeunesse non transmissibles, en partie de ta nature redoutée. Il était aussi impossible de faire comprendre à un enfant observant avec une acuité anxieuse que les quelques futilités que tu exécutais au nom du judaïsme avec une indifférence correspondant à leur futilité pouvaient avoir un sens plus élevé. Pour toi, elles avaient du sens comme de petits souvenirs d'époques révolues et c'est pourquoi tu voulais me les transmettre, mais comme elles n'avaient plus de valeur propre pour toi, tu ne pouvais le faire que par persuasion ou menace ; cela ne pouvait d'une part pas réussir et devait d'autre part te rendre très irrité contre moi en raison de ma prétendue obstination, car tu ne reconnaissais pas ta position faible ici.

Tout cela n'est pas un phénomène isolé ; une situation similaire concernait une grande partie de cette génération juive de transition, qui a migré des campagnes encore relativement pieuses vers les villes ; cela s'est produit naturellement, mais cela a ajouté une douleur suffisante à notre relation, qui n'était déjà pas dénuée de tensions. Cependant, tu devrais croire en ton innocence dans ce domaine également, tout comme moi, mais tu devrais expliquer cette innocence par ta nature et par les circonstances de l'époque, et non simplement par des circonstances extérieures, donc ne pas dire par exemple que tu avais trop d'autres travaux et soucis pour t'occuper aussi de telles choses. De cette manière, tu transformes ton innocence indubitable en un reproche injuste envers les autres. C'est alors très facile à réfuter partout, et ici également. Il ne s'agissait pas de donner une sorte d'enseignement à tes enfants, mais de mener une vie exemplaire ; si ton judaïsme avait été plus fort, ton exemple aurait été plus convaincant, c'est évident et ce n'est pas un reproche, mais simplement une défense contre tes reproches. Tu as récemment lu les souvenirs de jeunesse de Franklin. Je te les ai vraiment donnés intentionnellement à lire, mais pas, comme tu l'as remarqué avec ironie, à cause d'un petit passage sur le végétarisme, mais à cause de la relation entre l'auteur et son père, telle qu'elle est décrite, et de la relation entre l'auteur et son fils, telle qu'elle se manifeste naturellement dans ces mémoires écrits pour le fils. Je ne veux pas souligner les détails ici.

Une certaine confirmation rétrospective de ma perception de ton judaïsme m'est également venue de ton comportement ces dernières années, quand il te semblait que je m'intéressais davantage aux choses juives. Comme tu as d'emblée une aversion contre chacune de mes activités, et particulièrement contre la manière dont je prends intérêt à quelque chose, tu l'avais également ici. Mais au-delà de cela, on aurait pu s'attendre à ce que tu fasses ici une petite exception. C'était tout de même le judaïsme issu de ton judaïsme qui s'agitait ici, et donc aussi la possibilité de nouer de nouvelles relations entre nous. Je ne nie pas que ces choses, si tu avais montré de l'intérêt pour elles, auraient pu justement devenir suspectes à mes yeux. Il ne me vient pas à l'idée de prétendre que je suis de quelque manière meilleur que toi dans ce domaine. Mais l'occasion de le prouver n'a jamais eu lieu. Par mon intermédiaire, le judaïsme t'est devenu abominable, les écrits juifs illisibles, ils te « dégoûtaient ». Cela pouvait signifier que tu insistais pour que seul le judaïsme, tel que tu me l'avais montré dans mon enfance, soit le seul correct, au-delà duquel il n'y avait rien. Mais que tu puisses insister sur ce point était à peine concevable. Alors, le « dégoût » (outre le fait qu'il s'adressait d'abord non pas au judaïsme, mais à ma personne) ne pouvait signifier que tu reconnaissais inconsciemment la faiblesse de ton judaïsme et de mon éducation juive, que tu ne voulais en aucune manière être rappelé à cela et que tu répondais à tous les rappels avec une haine ouverte. D'ailleurs, ton appréciation négative de mon nouveau judaïsme était très exagérée ; d'abord, il portait en lui ta malédiction, et ensuite, pour son développement, le rapport fondamental aux autres était décisif, ce qui dans mon cas était mortel.

Tu as bien cerné ta réticence à mon égard concernant mon écriture et ce qui, à ton insu, y était lié. Là, j'avais effectivement réussi à m'émanciper de toi, même si cela rappelait un peu le ver qui, écrasé par un pied à l'arrière, se détache avec l'avant et se traîne sur le côté. J'étais en quelque sorte en sécurité, il y avait un soupir de soulagement ; l'aversion que tu avais naturellement aussi pour mon écriture était ici exceptionnellement la bienvenue. Ma vanité, mon ambition souffraient certes sous l'accueil que tu avais rendu célèbre pour mes livres : « Pose-le sur la table de nuit ! » (tu jouais le plus souvent aux cartes quand un livre arrivait), mais au fond, cela me convenait bien, pas seulement par esprit de rébellion malicieuse, pas seulement par joie d'une nouvelle confirmation de ma perception de notre relation, mais tout simplement, parce que cette formule sonnait pour moi comme : « Maintenant, tu es libre ! » Bien sûr, c'était une illusion, je n'étais pas libre, ou tout au mieux, pas encore libre. Mon écriture parlait de toi, je ne faisais là que me plaindre de ce que je ne pouvais pleurer sur ton épaule. C'était un adieu intentionnellement prolongé à toi, bien qu'il ait été forcé par toi, mais il se déroulait dans la direction que j'avais choisie. Mais combien tout cela était peu de choses ! Cela ne vaut la peine d'être mentionné que parce que cela s'est produit dans ma vie, ailleurs cela passerait inaperçu, et aussi parce que cela a dominé ma vie dans mon enfance comme une intuition, plus tard comme un espoir, et encore plus tard souvent comme un désespoir, et m'a dicté - si l'on veut, encore une fois sous ta forme - mes quelques petites décisions. Par exemple, le choix de ma carrière. Certes, tu m'as donné ici une totale liberté dans ta manière généreuse et, dans ce sens, même patiente. Cependant, tu suivais aussi les traitements généraux des fils du milieu juif bourgeois ou au moins les jugements de valeur de cette classe. Finalement, l'un de tes malentendus concernant ma personne a aussi joué un rôle. En effet, tu me considères depuis toujours, par fierté paternelle, par méconnaissance de mon existence réelle, par déductions de ma faiblesse, comme particulièrement assidu.Quand j'étais enfant, tu pensais que j'apprenais sans cesse et plus tard, que j'écrivais tout le temps. Ce n'est absolument pas vrai. On pourrait dire avec beaucoup moins d'exagération que j'ai peu appris et rien maîtrisé ; que quelque chose ait subsisté au fil des années, avec une mémoire moyenne et une capacité de compréhension pas tout à fait médiocre, n'est pas très étonnant, mais le résultat global en termes de connaissances et surtout de fondation de ces connaissances est extrêmement pitoyable par rapport à l'investissement en temps et en argent au milieu d'une vie extérieurement insouciante et tranquille, surtout en comparaison avec presque toutes les personnes que je connais. C'est pitoyable, mais pour moi, c'est compréhensible. Depuis que je peux me souvenir, j'avais de telles préoccupations profondes de l'affirmation de l'existence intellectuelle que tout le reste m'était indifférent. Les lycéens juifs chez nous sont souvent remarquables, on y trouve des choses improbables, mais mon indifférence froide, à peine voilée, indestructible, enfantinement impuissante, allant jusqu'à l'absurde, bestialement satisfaite de soi, d'un enfant suffisamment fantasque mais froid, je ne l'ai retrouvée nulle part ailleurs, bien qu'elle fût ici le seul rempart contre la destruction nerveuse causée par l'angoisse et la culpabilité. Je n'étais préoccupé que par le souci de moi-même, mais de diverses manières. Comme une préoccupation pour ma santé ; cela commençait légèrement, ici et là surgissait une petite appréhension concernant la digestion, la chute de cheveux, une courbure de la colonne vertébrale, etc., cela s'intensifiait par d'innombrables degrés, et finalement, cela se terminait par une véritable maladie. Qu'était-ce tout cela?Il ne s'agissait pas réellement d'une maladie physique. Mais comme je n'étais sûr de rien, ayant besoin à chaque instant d'une nouvelle confirmation de mon existence, ne possédant rien qui soit indubitablement, uniquement et clairement défini par moi seul, en réalité un fils déshérité, il était naturel que même ce qui m'était le plus proche, mon propre corps, devînt incertain ; je grandissais en longueur sans savoir quoi en faire, le fardeau était trop lourd, mon dos se courbait ; j'osais à peine me mouvoir ou faire de la gymnastique, je restais faible ; je considérais comme un miracle tout ce que je possédais encore, comme ma bonne digestion ; cela suffisait pour la perdre et ainsi le chemin vers toute hypochondrie était ouvert, jusqu'à ce que sous l'effort surhumain de vouloir me marier (j'en parlerai encore) du sang vint de mes poumons, ce à quoi l'appartement au palais Schönborn - que je pensais nécessaire seulement parce que je croyais en avoir besoin pour mon écriture, donc cela aussi appartient à cette feuille - a pu largement contribuer. Donc tout cela ne venait pas d'un excès de travail, comme tu l'imagines toujours. Il y a eu des années où j'ai passé plus de temps à paresser sur le canapé en pleine santé que toi dans toute ta vie, toutes maladies incluses. Quand je fuyais très occupé loin de toi, c'était souvent pour me coucher dans ma chambre. Mon travail total tant au bureau (où la paresse ne se remarque pas beaucoup et était de toute façon limitée par mon anxiété) qu'à la maison est minime, si tu avais un aperçu, cela te horrifierait. Je ne suis probablement pas paresseux par nature, mais il n'y avait rien pour moi à faire. Là où je vivais, j'étais rejeté, condamné, vaincu, et tenter de m'enfuir ailleurs me demandait un effort extrême, mais ce n'était pas du travail, car c'était impossible, hors de portée de mes forces à quelques exceptions près.

Dans cet état, j'ai donc reçu la liberté de choix de carrière. Mais étais-je encore capable d'utiliser une telle liberté ? Croyais-je encore en ma capacité d'atteindre une véritable profession ? Mon auto-évaluation dépendait bien plus de toi que de quoi que ce soit d'autre, comme d'un succès extérieur. Ce dernier était un renforcement momentané, rien de plus, mais de l'autre côté, ton influence me tirait constamment vers le bas. Je pensais que jamais je ne réussirais la première classe de l'école primaire, mais j'ai réussi, j'ai même obtenu une récompense ; mais l'examen d'entrée au gymnase, je ne le réussirais sûrement pas, mais cela a réussi ; mais maintenant, je vais certainement échouer dans la première classe du gymnase, non, je n'ai pas échoué et cela a continué à réussir encore et encore. Cela ne m'a cependant pas donné confiance, au contraire, j'étais toujours convaincu - et ton expression répulsive en était presque la preuve pour moi - que, plus j'avais de succès, pire serait finalement l'issue. Souvent, je voyais mentalement la terrible assemblée des professeurs (le gymnase est juste l'exemple le plus homogène, mais partout autour de moi c'était similaire) qui, une fois que j'avais passé la classe de prima, donc en seconda, si j'avais passé celle-ci, donc en tertia, etc., se réuniraient pour examiner ce cas scandaleusement unique de comment moi, le plus incapable et certainement le plus ignorant, avais réussi à me faufiler jusqu'à cette classe, qui, maintenant que l'attention générale était tournée vers moi, allait naturellement me rejeter immédiatement, au grand soulagement de tous les justes libérés de ce cauchemar.Vivre avec de telles idées n'est pas facile pour un enfant. Dans ces circonstances, que pouvait bien m'importer l'enseignement ? Qui pouvait susciter en moi la moindre étincelle d'intérêt ? L'enseignement, et pas seulement l'enseignement mais tout ce qui m'entourait à cet âge crucial, m'intéressait à peu près autant qu'un banquier fraudeur, encore en poste et tremblant à l'idée d'être découvert, s'intéresse aux petites affaires courantes de la banque qu'il doit encore gérer comme employé. Tout me semblait si petit, si éloigné par rapport à l'essentiel. Puis, cela a continué jusqu'à la maturité, que j'ai en partie vraiment obtenue par supercherie, et ensuite ça s'est arrêté, j'étais libre. Si déjà malgré la contrainte du gymnase je m'étais concentré uniquement sur moi-même, combien plus maintenant que j'étais libre. Donc, en réalité, il n'y avait pas de véritable liberté de choix de carrière pour moi, je savais : tout me serait aussi indifférent par rapport à l'essentiel, comme l'étaient tous les sujets enseignés au gymnase, il s'agissait donc de trouver une profession qui me permettrait cette indifférence sans trop blesser ma vanité. Ainsi, le droit était l'option évidente. De petits essais contraires de la vanité, des espoirs insensés, comme une étude de chimie de quinze jours, un semestre d'études en allemand, ne faisaient que renforcer cette conviction fondamentale. J'ai donc étudié le droit. Cela signifiait que je me nourrissais mentalement, dans les quelques mois précédant les examens, de sciure de bois qui avait en outre déjà été pré-mâchée par des milliers de bouches. Mais d'une certaine manière, cela me plaisait, tout comme le gymnase auparavant et plus tard la carrière de fonctionnaire, car tout cela correspondait parfaitement à ma situation. En tout cas, j'ai montré ici une étonnante prévoyance, même en tant que petit enfant, j'avais des présages assez clairs concernant mes études et ma carrière. Je n'attendais aucune délivrance de cette voie, j'avais déjà renoncé depuis longtemps.

Cependant, je n'ai presque montré aucune prévoyance quant à la signification et la possibilité d'un mariage pour moi ; ce plus grand effroi de ma vie m'est presque totalement tombé dessus de manière inattendue. L'enfant avait évolué si lentement, ces choses lui étaient trop étrangères extérieurement, de temps en temps la nécessité de les considérer se présentait ; mais il n'était pas possible de reconnaître que là se préparait une épreuve permanente, décisive et même la plus amère. En réalité, les tentatives de mariage sont devenues l'effort le plus grandiose et le plus prometteur pour échapper à toi, et l'échec fut alors, naturellement, tout aussi grandiose.

Je crains, parce que tout échoue pour moi dans ce domaine, que je ne réussirai pas non plus à te rendre compréhensibles mes tentatives de mariage. Pourtant, la réussite de cette lettre en dépend entièrement, car dans ces tentatives, d'une part, toutes les forces positives dont je disposais étaient rassemblées, d'autre part, les forces négatives que j'ai décrites comme le corollaire de ton éducation se concentraient ici avec fureur, comme la faiblesse, le manque de confiance en soi, et la culpabilité, érigeant littéralement un cordon entre moi et le mariage. L'explication me sera également difficile parce que j'ai réfléchi et creusé ces questions tellement de jours et de nuits que même maintenant la vue de tout cela me trouble. Mon explication est seulement facilitée par ce que je considère comme ton incompréhension complète de la situation ; améliorer un peu une incompréhension si totale ne semble pas excessivement difficile.

Tout d'abord, tu places l'échec de mes tentatives de mariage dans la série de mes autres échecs ; je n'aurais rien contre cela en soi, à condition que tu acceptes mon explication précédente de l'échec. En effet, cela fait partie de cette série, mais tu sous-estimes l'importance de la question à un tel point que, lorsque nous en parlons ensemble, nous parlons en réalité de choses complètement différentes. J'ose dire que rien dans ta vie entière n'a eu pour toi une telle importance que ces tentatives de mariage pour moi. Par là, je ne veux pas dire que tu n'as rien vécu de significatif en soi, au contraire, ta vie a été beaucoup plus riche, plus préoccupante et plus intense que la mienne, mais c'est justement pour cela que rien de semblable ne t'est arrivé. C'est comme si une personne devait monter cinq marches basses et une autre une seule marche, mais aussi haute que ces cinq ensemble ; la première ne se contentera pas de franchir ces cinq marches, mais en franchira des centaines, des milliers d'autres, elle aura mené une vie grande et très éprouvante, mais aucune des marches qu'elle a montées n'aura eu pour elle une telle importance que pour la seconde cette unique, première, haute marche, impossible à franchir avec toutes ses forces, sur laquelle il ne peut monter et, naturellement, qu'il ne peut pas non plus dépasser.

Se marier, fonder une famille, accepter tous les enfants qui viennent, les soutenir dans ce monde incertain, et même les guider un peu, est selon moi l'extrême limite de ce qu'un humain peut réussir à accomplir. Que cela semble réussir facilement à tant de personnes n'est pas une preuve du contraire, car premièrement, cela ne réussit réellement pas à beaucoup et deuxièmement, ces "pas beaucoup" ne le font généralement pas activement, cela leur arrive simplement ; ce n'est certes pas cette extrémité, mais c'est encore très grand et très honorable (surtout que les actions "faire" et "laisser arriver" ne peuvent pas être complètement séparées). Et finalement, il ne s'agit même pas de cette extrémité, mais juste d'une approche lointaine mais respectable ; il n'est pas nécessaire de voler directement dans le soleil, mais de ramper jusqu'à un endroit propre sur terre, où le soleil brille parfois et où l'on peut se réchauffer un peu.

Comment étais-je alors préparé à cela ? Aussi mal que possible, cela ressort déjà de ce qui a été dit. Dans la mesure où il existe une préparation directe de l'individu et une création directe des conditions de base générales, tu n'as pas beaucoup intervenu extérieurement. Cela ne pourrait d'ailleurs pas être autrement, ici, ce sont les mœurs générales de sexe, de classe, de peuple et d'époque qui décident. Cependant, tu as tout de même intervenu, pas beaucoup, car la condition préalable à une telle intervention ne peut être qu'une forte confiance mutuelle, et cela nous manquait à tous deux déjà depuis longtemps au moment crucial, et pas de manière très heureuse, car nos besoins étaient tout à fait différents ; ce qui me saisit ne doit pas nécessairement te toucher et vice versa, ce qui est innocent chez toi peut être coupable chez moi, et ce qui reste sans conséquence pour toi peut être mon cercueil.

Je me souviens, un soir, je me promenais avec toi et maman, nous étions sur la place Josefsplatz près de l'actuelle Länderbank. Je me mis à parler de choses intéressantes, d'une manière bête et prétentieuse, avec une attitude supérieure, fière, froide (ce qui était faux), distante (ce qui était vrai) et bégayante, comme je m'adressais habituellement à toi. Je vous fis des reproches de m'avoir laissé sans instruction, que ce furent mes camarades de classe qui durent s'occuper de moi, que j'avais été proche de grands dangers (ici je mentais effrontément pour paraître courageux, car du fait de ma peur, je n'avais pas une idée précise des "grands dangers", à part les péchés de lit ordinaires des enfants de la ville), mais j'insinuais finalement que, heureusement, je savais désormais tout, que je n'avais plus besoin de conseils et que tout était en ordre. Principalement, j'avais commencé à parler de cela parce que cela me plaisait d'en parler au moins, puis aussi par curiosité et finalement aussi pour me venger de vous d'une manière ou d'une autre. Tu as réagi selon ta nature de manière très simple, tu as juste dit que tu pourrais me donner un conseil sur comment je pourrais aborder ces choses sans danger. Peut-être avais-je voulu provoquer une telle réponse, elle correspondait à la lascivité de l'enfant gavé de viande et de toutes les bonnes choses, physiquement inactif, constamment préoccupé par lui-même, mais ma honte extérieure en était tellement blessée, ou je croyais qu'elle devait l'être, que contre mon gré je ne pouvais plus parler de cela avec toi et j'interrompis la conversation avec arrogance et insolence.

Ta réponse à l'époque est difficile à évaluer ; d'un côté, elle avait quelque chose de dévastateur par son ouverture, d'une certaine manière primitive, mais d'un autre côté, elle était, en ce qui concerne l'enseignement lui-même, très insouciante et moderne. Je ne me souviens pas exactement de mon âge à ce moment-là, mais j'avais certainement pas plus de 16 ans. Pour un garçon de cet âge, c'était une réponse très étrange, et la distance entre nous deux se manifeste aussi dans le fait que c'était la première leçon directe et globale sur la vie que j'avais reçue de toi. Mais son sens réel, qui s'était alors déjà insinué en moi, et qui ne m'est venu à demi-conscience que bien plus tard, était le suivant : ce à quoi tu m'encourageais était, selon toi et certainement selon mon opinion de l'époque, la chose la plus sale qui soit. Le fait que tu voulais t'assurer que je ne ramène pas physiquement cette saleté à la maison était secondaire ; par là, tu ne protégeais que toi-même, ta maison. L'essentiel était plutôt que tu restais en dehors de ton propre conseil, un mari, un homme pur, élevé au-dessus de ces choses ; cela s'aggravait pour moi probablement encore du fait que le mariage lui-même me semblait dénué de pudeur, et il m'était donc impossible d'appliquer ce que j'avais entendu de général sur le mariage à mes parents. Ainsi, tu devenais encore plus pur, tu t'élevais encore plus haut. L'idée que tu aurais pu te donner un conseil similaire avant ton mariage était pour moi totalement impensable. Il ne restait donc presque aucune trace de saleté terrestre en toi. Et c'était toi qui me poussais, comme si j'étais destiné à cela, avec quelques mots ouverts, dans cette saleté. Si le monde se composait seulement de toi et moi, une idée qui m'était très proche, alors la pureté du monde se terminait avec toi et avec moi commençait la saleté, en vertu de ton conseil. En soi, il était incompréhensible que tu me condamnes ainsi, seule une vieille culpabilité et le plus profond mépris de ta part pouvaient me l'expliquer. Et ainsi, j'étais à nouveau touché dans mon être le plus intime, et cela de manière très dure.

Ici, peut-être, notre innocence à tous les deux est la plus clairement visible. A. donne à B. un conseil ouvert, conforme à sa vision de la vie, pas très beau, mais tout à fait courant dans la ville aujourd'hui, pouvant peut-être prévenir des dommages à la santé. Ce conseil n'est pas très renforçant moralement pour B., mais pourquoi ne pourrait-il pas se sortir de ce préjudice au fil des années ? D'ailleurs, il n'est pas obligé de suivre le conseil et, de toute façon, dans le conseil seul il n'y a pas de raison pour que tout l'univers futur de B. s'effondre. Et pourtant, quelque chose de ce genre se produit, mais juste parce que A. c'est toi et B. c'est moi.

Cette innocence mutuelle est particulièrement claire pour moi aussi parce qu'une collision similaire entre nous s'est reproduite sous des circonstances tout à fait différentes environ 20 ans plus tard, une réalité effroyable, mais en soi beaucoup moins nuisible, car qu'est-ce qui pouvait encore être endommagé en moi à 36 ans ? Je fais référence à une petite conversation lors de l'un des jours agités suivant l'annonce de ma dernière intention de mariage. Tu m'as dit quelque chose comme : « Elle a probablement mis une blouse choisie, comme savent le faire les juives de Prague, et sur cette base, tu as bien sûr décidé de l'épouser. Et de préférence rapidement, dans une semaine, demain, aujourd'hui. Je ne te comprends pas, tu es pourtant un adulte, tu es en ville, et tu ne trouves pas d'autre solution que d'épouser quelqu'un au hasard. N'y a-t-il pas d'autres possibilités ? Si tu as peur, j'irai avec toi. » Tu t'es exprimé plus longuement et plus clairement, mais je ne peux pas me souvenir des détails, peut-être ma vision est-elle devenue un peu floue, j'étais presque plus intéressé par la mère, comment elle, bien qu'elle soit totalement d'accord avec toi, a pris quelque chose sur la table et est sortie de la pièce.

Tu m'as rarement humilié aussi profondément avec des mots, et jamais tu n'as montré aussi clairement ton mépris. Lorsque tu m'as parlé de manière similaire il y a 20 ans, on aurait pu y voir, à travers tes yeux, un certain respect pour le jeune garçon de ville précocement mûr, qui, selon toi, pouvait être introduit à la vie sans détours. Aujourd'hui, ce respect ne pourrait qu'accroître le mépris, car le garçon qui avait alors pris son élan est resté bloqué en lui et te semble aujourd'hui non pas plus riche en expériences, mais simplement plus pitoyable de 20 ans. Ma décision de choisir une fille ne signifiait rien pour toi. Tu avais toujours (inconsciemment) supprimé ma capacité de décision et maintenant (inconsciemment) tu croyais savoir ce qu'elle valait. Tu ne savais rien de mes tentatives de sauvetage dans d'autres directions, donc tu ne pouvais rien savoir des raisonnements qui m'avaient conduit à cette tentative de mariage, tu devais essayer de les deviner et tu conseillais en fonction de l'opinion globale que tu avais de moi, en supposant le pire, le plus grossier, le plus ridicule. Et tu n'as pas hésité un instant à me le dire de cette manière. Le déshonneur que tu m'infligeais n'était rien comparé à la honte que, selon toi, je ferais subir à ton nom par ce mariage.

Maintenant, tu pourrais répondre à bien des choses concernant mes tentatives de mariage, et tu l'as fait : tu ne pourrais pas avoir beaucoup de respect pour ma décision si j'ai rompu mes fiançailles avec F. à deux reprises et les ai reprises deux fois, si je t'ai traîné, toi et maman, inutilement à Berlin pour les fiançailles, etc. Tout cela est vrai, mais comment en est-on arrivé là ?

Le concept de base des deux tentatives de mariage était tout à fait correct : fonder un foyer, devenir autonome. Une idée qui te plaît, sauf que dans la réalité, cela se passe comme dans le jeu d'enfants où l'un tient la main de l'autre et la presse tout en criant : « Allez, va, pourquoi ne vas-tu pas ? » Ce qui se complique dans notre cas par le fait que tu as toujours sincèrement voulu que je « m'en aille », alors que depuis toujours, sans le savoir, par la seule force de ta nature, tu m'as retenu ou, plus exactement, oppressé.

Les deux jeunes femmes étaient bien choisies, bien que par hasard, et extrêmement judicieuses. Cela montre encore ton incompréhension complète que tu puisses croire que moi, le craintif, l'hésitant, le soupçonneux, je me décide sur un coup de tête à me marier, peut-être enchanté par une blouse. Les deux mariages auraient plutôt été des mariages de raison, dans la mesure où cela signifie que jour et nuit, la première fois pendant des années, la seconde fois pendant des mois, toute ma capacité de réflexion a été consacrée à ce projet.

Aucune des jeunes femmes ne m'a déçu, c'est plutôt moi qui les ai déçues toutes les deux. Mon jugement à leur sujet est aujourd'hui exactement le même que lorsque je voulais les épouser.

Ce n'est pas non plus que j'ai ignoré les expériences du premier essai lors de la seconde tentative, donc que j'aurais été imprudent. Les cas étaient tout simplement très différents, et justement les expériences antérieures pouvaient me donner de l'espoir dans le second cas, qui était de toute façon beaucoup plus prometteur. Je ne souhaite pas parler des détails ici.

Alors, pourquoi ne me suis-je pas marié ? Il y avait des obstacles ponctuels, comme partout, mais surmonter de tels obstacles fait partie de la vie. Toutefois, le principal obstacle, malheureusement indépendant des cas particuliers, était que j'étais apparemment mentalement incapable de me marier. Cela se manifeste par le fait que, dès l'instant où je décide de me marier, je ne peux plus dormir, ma tête brûle jour et nuit, ce n'est plus vivable, je me débats désespérément. Ce ne sont pas vraiment des soucis qui causent cela, bien que, conformément à ma nature lourde et méticuleuse, d'innombrables soucis s'accumulent, mais ils ne sont pas déterminants ; ils complètent certes, comme des vers, le travail sur le cadavre, mais ce qui m'atteint de façon décisive est autre. C'est la pression générale de l'angoisse, de la faiblesse, du mépris de soi.

Je vais essayer d'expliquer plus en détail : dans mes tentatives de mariage, deux éléments apparemment opposés convergent dans ma relation avec toi plus fortement que jamais ailleurs. Le mariage est certainement une garantie de la plus nette libération de soi et d'indépendance. J'aurais une famille, le summum selon moi de ce que l'on peut atteindre, donc aussi le summum de ce que toi-même as atteint ; je serais ton égal, toute vieille et éternelle honte et tyrannie ne serait plus que de l'histoire. Cela serait certes féerique, mais c'est là que réside le doute. C'est trop, autant ne peut pas être atteint. C'est comme si quelqu'un était emprisonné et qu'il avait non seulement l'intention de s'échapper, ce qui pourrait être réalisable, mais aussi, et en même temps, l'intention de transformer la prison en un palais de plaisance pour lui-même. S'il s'échappe, il ne peut pas transformer, et s'il transforme, il ne peut pas s'échapper. Si je veux devenir indépendant dans la relation particulièrement malheureuse que j'entretiens avec toi, je dois faire quelque chose qui n'a pratiquement aucun lien avec toi ; se marier est certes la chose la plus grande et confère l'indépendance la plus honorable, mais c'est aussi en même temps ce qui est le plus étroitement lié à toi. Vouloir sortir de là a donc quelque chose de la folie, et chaque tentative est presque punie par cela.

Cette relation étroite est en partie ce qui m'attire aussi dans le mariage. J'imagine cette égalité qui pourrait alors naître entre nous et que tu pourrais comprendre mieux que quiconque, précisément parce qu'elle serait si belle : je pourrais alors être un fils libre, reconnaissant, innocent, intègre, et toi un père sans oppressions, non tyrannique, compatissant et satisfait. Mais pour atteindre cet objectif, il faudrait que tout ce qui s'est passé soit annulé, c'est-à-dire que nous devrions être effacés.

Cependant, telle que nous sommes, le mariage m'est fermé parce qu'il relève précisément de ton domaine propre. Parfois, je me représente la carte du monde étendue avec toi allongé en travers. Il me semble alors que pour ma vie, seules les régions que tu ne couvres pas ou qui ne sont pas à ta portée sont envisageables. Et, selon l'idée que je me fais de ton ampleur, il n'y a pas beaucoup de telles régions, et elles ne sont pas très réconfortantes, surtout le mariage n'en fait pas partie.

Ce comparatif prouve que je ne veux en aucun cas dire que tu m'aurais chassé du mariage par ton exemple, comme tu aurais pu me chasser des affaires. Au contraire, malgré toutes les similitudes lointaines. J'avais devant moi, dans votre mariage, un mariage exemplaire à bien des égards, exemplaire en fidélité, en aide mutuelle, en nombre d'enfants, et même lorsque les enfants ont grandi et ont commencé à perturber de plus en plus la paix, le mariage en tant que tel en est resté intact. C'est précisément à partir de cet exemple que s'est peut-être formée ma haute conception du mariage ; si le désir du mariage était impuissant, c'était pour d'autres raisons. Elles résident dans ta relation avec les enfants, qui est précisément le sujet de toute cette lettre.

Il existe une opinion selon laquelle la peur du mariage provient parfois de la crainte que les enfants ne fassent subir à leurs parents ce que ces derniers ont infligé aux leurs. Je crois que dans mon cas, cela n'a pas une très grande importance, car mon sentiment de culpabilité vient principalement de toi et est trop imprégné de son caractère unique ; oui, ce sentiment d'unicité fait partie de sa nature tourmentante, une répétition est impensable. Néanmoins, je dois dire qu'avoir un fils muet, morose, desséché et délabré serait insupportable pour moi ; je m'enfuirais probablement, si aucune autre possibilité n'existait, je partirais à l'étranger, comme tu as voulu le faire juste à cause de mon mariage. Ainsi, cet aspect pourrait aussi influencer mon incapacité à me marier.

Mais bien plus importante est la peur concernant moi-même. Voici comment comprendre cela : j'ai déjà mentionné que j'ai fait de petits essais d'indépendance et de fuite à travers l'écriture et ce qui y est associé, avec très peu de succès ; ils ne mèneront probablement pas plus loin, beaucoup de choses me le confirment. Cependant, il est de mon devoir, ou plutôt, ma vie consiste à les surveiller, à ne laisser approcher aucune menace que je peux repousser, ni même la possibilité d'une telle menace. Le mariage est la possibilité d'une telle menace, certes aussi la possibilité de la plus grande promotion, mais il me suffit que ce soit la possibilité d'une menace. Que ferais-je alors, si cela s'avérait être une menace ? Comment pourrais-je continuer à vivre dans le mariage avec ce sentiment de danger peut-être indémontrable, mais en tout cas irréfutable ! Face à cela, je peux certes hésiter, mais l'issue finale est certaine, je dois renoncer. La comparaison entre le moineau dans la main et la colombe sur le toit ne convient ici que très vaguement. Dans ma main, il n'y a rien, sur le toit tout est possible, et pourtant, en raison des conditions de lutte et de nécessité de vie, je dois choisir le néant. J'ai dû faire un choix similaire lors du choix de ma carrière.

Le principal obstacle au mariage est cette conviction désormais inébranlable que pour maintenir une famille et surtout pour la diriger, il faut réunir tout ce que j'ai reconnu en toi, le bon et le mauvais, tel qu'il est organiquement uni en toi. Cela inclut la force et le mépris de l'autre, la santé et une certaine démesure, le don de l'éloquence et des insuffisances, la confiance en soi et l'insatisfaction vis-à-vis des autres, la supériorité sur le monde et la tyrannie, la connaissance des gens et la méfiance envers la plupart, puis aussi des qualités sans aucun inconvénient comme le travail, l'endurance, la présence d'esprit, l'intrépidité. Par rapport à tout cela, je n'avais presque rien, ou très peu, et pourtant je voulais oser me marier, alors que je voyais même toi lutter dans ton mariage et échouer avec les enfants ? Cette question, je ne me la posais évidemment pas explicitement et ne la répondais pas explicitement, sinon la pensée ordinaire se serait emparée de l'affaire et m'aurait montré d'autres hommes qui sont différents de toi (pour en nommer un très différent près de moi : Oncle Richard) et qui se sont mariés sans pour autant s'effondrer, ce qui est déjà beaucoup et m'aurait largement suffi. Mais je ne posais pas cette question, je la vivais dès l'enfance. Je ne me testais pas seulement face au mariage, mais face à chaque petite chose ; face à chaque détail, ton exemple et ton éducation me convainquaient de mon incapacité, comme j'ai essayé de le décrire, et ce qui était vrai pour chaque détail, te donnant raison, devait naturellement être d'autant plus vrai face à la plus grande épreuve, donc le mariage. Jusqu'aux tentatives de mariage, j'ai grandi un peu comme un homme d'affaires qui vit au jour le jour avec des inquiétudes et de sombres pressentiments, mais sans comptabilité précise. Il a quelques petits gains, qu'il chérit et exagère dans son esprit en raison de leur rareté, et sinon, que des pertes quotidiennes. Tout est enregistré, mais jamais bilancé. Vient alors le besoin de faire les comptes, c'est-à-dire la tentative de mariage. Et avec les grandes sommes en jeu ici, c'est comme si jamais il n'y avait eu le moindre gain, tout est une seule grande dette. Et maintenant, se marier sans devenir fou !

Ainsi se termine ma vie jusqu'à présent avec toi et voici les perspectives qu'elle porte en elle pour l'avenir.

Tu pourrais, en examinant ma justification de la peur que j'ai de toi, répondre : « Tu prétends que c'est une simplification de ma part de tout expliquer par ta faute, mais je pense que, malgré des efforts apparents, tu ne te rends pas la tâche plus difficile, tout en la rendant bien plus profitable. Tout d'abord, tu rejettes également toute culpabilité et responsabilité, donc notre procédé est le même. Mais alors que je t'accuse ensuite ouvertement, et sincèrement, d'être le seul fautif, tu veux être à la fois « trop intelligent » et « trop sensible », et me dédouaner également de toute faute. Naturellement, tu n'y parviens qu'en apparence (ce qui est d'ailleurs tout ce que tu veux), et il ressort, malgré toutes les « paroles » sur l'essence et la nature, les contrastes et l'impuissance, que c'est en réalité moi qui ai été l'agresseur, tandis que tout ce que tu as fait n'était que de la légitime défense. Ainsi, tu as déjà suffisamment réussi par ton manque de sincérité, car tu as prouvé trois choses : premièrement, que tu es innocent, deuxièmement, que je suis coupable, et troisièmement, que tu es prêt, par pure grandeur, non seulement à me pardonner, mais aussi, ce qui est à la fois plus et moins, à prouver et à vouloir croire contre la vérité, que je suis aussi innocent. Cela pourrait déjà te suffire, mais ce n'est pas encore assez pour toi. Tu t'es mis en tête de vouloir vivre entièrement à mes dépens. J'admets que nous luttons l'un contre l'autre, mais il y a deux types de lutte. Le combat chevaleresque, où les forces de combattants indépendants se mesurent, chacun reste pour soi, perd pour soi, gagne pour soi. Et puis il y a le combat des parasites, qui non seulement piquent mais aussi sucent le sang pour leur survie. C'est bien là le véritable soldat de métier, et c'est ce que tu es. Tu es inapte à la vie ; mais pour te rendre la vie confortable, insouciante et sans auto-reproche, tu prouves que j'ai pris toute ta capacité de vivre pour la mettre dans mes poches. Quelle importance cela a-t-il pour toi d'être inapte à la vie, puisque j'en assume la responsabilité, tandis que toi, tu te détends tranquillement et te laisses traîner par moi à travers la vie, physiquement et mentalement. Un exemple : quand tu voulais te marier récemment, tu admets dans cette lettre que tu ne voulais pas vraiment te marier, mais tu voulais, sans avoir à t'efforcer, que je t'aide à ne pas te marier, en interdisant cette union à cause de la « honte » qu'elle ferait peser sur mon nom. Mais cela ne m'est jamais venu à l'esprit. Premièrement, je ne voulais jamais être un obstacle à ton bonheur et deuxièmement, je ne voudrais jamais entendre un tel reproche de la part de mon enfant. Mais cette maîtrise de soi que j'ai eu en te laissant libre de te marier, m'a-t-elle aidé en quoi que ce soit ? Pas le moins du monde. Mon aversion pour le mariage ne l'aurait pas empêché, au contraire, cela aurait même été un encouragement supplémentaire pour toi d'épouser la fille, car la « tentative de fuite », comme tu le dis, en aurait été rendue plus complète. Et mon autorisation pour le mariage n'a pas empêché tes reproches, car tu prouves bien que je suis de toute façon coupable de ton non-mariage. Mais au fond, tu n'as rien prouvé d'autre pour moi dans cette affaire et dans tout le reste, que tous mes reproches étaient justifiés et qu'il manquait encore un reproche particulièrement justifié, à savoir celui de la malhonnêteté, de la flatterie, du parasitisme. Si je ne me trompe pas, tu parasites également sur moi avec cette lettre en tant que telle.

En réponse, je dirai que tout ce contre-argument, qui peut en partie se retourner contre toi aussi, ne vient pas de toi, mais bien de moi. Ton méfiance envers les autres n'est même pas aussi grande que le manque de confiance en moi-même que tu m'as inculqué. Je ne nie pas une certaine validité de cet argument, qui contribue également à caractériser notre relation de manière nouvelle. Évidemment, les choses dans la réalité ne peuvent pas s'assembler comme les preuves dans ma lettre, la vie est plus qu'un jeu de patience ; mais avec la correction apportée par cet argument, une correction que je ne peux ni ne veux détailler, il me semble que nous avons atteint quelque chose qui se rapproche tellement de la vérité que cela pourrait nous apaiser tous les deux et rendre la vie et la mort plus faciles.

Franz

www.ingramcontent.com/pod-product-compliance
Lightning Source LLC
Chambersburg PA
CBHW050617160726
48003CB00003B/1222